春風亭昇太

柳家三三

立川談春

笑福亭鶴瓶

立川志の輔

柳家小三治

柳家喬太郎

神田松之丞

春風亭一之輔

らくごころ

～落語心～

十人のキーパーソンに訊く演芸最前線

まえがき……20
第一の焦点
「この噺家を聴け！」広瀬和生……23
第二の焦点
「老舗だからこそ新しいことを」鈴木 寧……37
第三の焦点
「北沢タウンホールの挑戦」野際恒寿……51
第四の焦点
「笑いの場をつくり続ける」木村万里……65
第五の焦点
「横浜に根付く演芸の拠点」布目英一……79
中入り もう一つの焦点
さだまさし×橘蓮二対談……95
第六の焦点
「らくごを生み出す渋谷らくご」サンキュータツオ……112

CONTENTS

第七の焦点
「本とコーヒーと落語と」青木伸広 …… 126
第八の焦点
「落語ムーブメントの伴走者」佐藤友美 …… 140
第九の焦点
「落語作家が考える落語の未来」小佐田定雄 …… 154
第十の焦点
「演芸の焦点」橘 蓮二 …… 168
あとがき …… 182
らくごころ写真名鑑 …… 186
主な演芸スポット／定番演芸イベント …… 194

まえがき

首都圏を中心に、演芸界に新しい風が吹き始めている。二〇一五年現在で噺家の数は全国で八百名を超えて、過去最高の人数となった。若手たちは、多くのライバルたちとしのぎを削りながら芸を磨いている。また、人気と実力を兼ね備えた実力派も台頭。毎年、パルコ劇場一カ月の公演を成功させる立川志の輔《たてかわしのすけ》。立川談春《だんしゅん》、桂春蝶《かつらしゅんちょう》は二千七百名の収容を誇るフェスティバルホール（大阪）を一人で満員にした。そのほかにも、笑福亭鶴瓶《しょうふくていつるべ》、春風亭昇太《しゅんぷうていしょうた》、柳家三三《やなぎやさんざ》らの独演会は、発売日に即日完売。チケットは争奪戦となっている。

真打を目指す次世代の躍進も目覚しい。好みの芸人を探そうと、二十代のファンが落語会に足を運ぶようになってきた。演芸界は今、人間国宝から二ツ目まで幅広く、その芸を楽しめる、豊かな時代と言ってよいだろう。

二〇一五年九月、演芸写真の第一人者・橘蓮二氏が、野際恒寿氏とタッグを組み、「焦点」という落語会を開催。その後も、注目の噺家や芸人が出演し、定期的に開催され話題を呼んでいる。

本書は、常に演芸と向き合う両氏の熱い提唱を受けて生み出された、いわば、最新の演芸名鑑のようなものだ。

演芸写真の第一人者・橘蓮二氏の写真に加え、席亭、落語作家、落語プロデューサー、演芸専門誌の編集者など、舞台を裏側からサポートする十名の方々にお言葉をいただいた。演芸界の今をそれぞれの側面から見つめるキーパーソンたちの言葉は、演者への愛と期待に満ち溢れている。本書の読者が一人でも多く、寄席や落語会に足を運んでいただけるよう強く願っている。

ぴあ編集部

立川こしら

第一の焦点

この噺家を聴け！

（聞き手・文／入江弘子）

広瀬和生

ひろせ・かずお／1960年、埼玉県生まれ。東京大学工学部卒業。ヘヴィ・メタル専門誌『BURRN！』編集長。落語評論家。落語会のプロデュースも手掛ける。著書に『この落語家を聴け！』（集英社文庫）、『噺家のはなし』（小学館）、『談志の十人番』（光文社新書）、『「落語家」という生き方』（講談社）ほか多数。

二〇〇八年に刊行された、広瀬さんの著書『この落語家を聴け！』（集英社文庫）は、落語ライブに行きたい人のために、おすすめの落語家が分かるガイドブック。これまで出ていた本は、落語評論家による六〇年代から八〇年代の昭和の名人を取り上げるものが多かった。『この落語家を聴け！』は、落語を系統的に観てきた本格的な視点と、ライブ感覚による演者の面白さを熱く訴えかける画期的な本で、全編を通して広瀬さんの落語愛に貫かれていた。折しも、落語ブームと言われ、ビジネスマンには知識として、エンタテインメント好きには新しいコンテンツとして、落語は求められていた。そして、二〇一六年の現在、落語はますます活況を呈している。九〇年代から二〇〇〇年代にかけて、劇的な転換があったからだと広瀬さんは見ている。

——九〇年代は落語界にとっては低迷期とされていますが。

僕はそうとは思ってなくて。立川《たてかわ》志《し》の輔《すけ》、立川志《し》らくが、新しいエンタテインメントとして落語の基盤を作っていた立川流の時代だったんですよ。志の輔さんが新たなファン層を開拓し、志らくさんは若い人にも受ける古典落語をやっていた。『落語のピン』（一九九三年、フジテレビ系列）という談志《だんし》師匠の番組があって、（春風亭《しゅんぷうてい》）昇太《しょうた》、志の輔、志らくの人気が出ました。寄席にはあまりお客さんが入ってなかった時代です。

三遊亭白鳥

――二〇〇〇年代になって、古今亭志ん朝《ここんていしちょう》師匠、柳家小《やなぎやこ》さん師匠が亡くなったことは、落語界にとって大きな喪失でした。

それにより若手が頑張れば、グッと出てこれる状況になったとも言えます。真打に昇進したばかりの（林家《はやしや》）たい平、（柳家《やなぎや》）喬太郎《きょうたろう》、二〇〇一年に真打になった（橘家《たちばなや》）文左衛門《ぶんざえもん》、（三遊亭《さんゆうてい》）白鳥《はくちょう》たちがどんどん力をつけてきた。そこに来て、二〇〇五年に、宮藤官九郎脚本のテレビドラマ『タイガー＆ドラゴン』（TBS系列）が放映されたり、九代目林家正蔵《しょうぞう》の襲名披露が盛大に行われたりしたことで、幅広い層に一気に落語が注目され、落語ブームと呼ばれる現象が起こりました。

――二〇〇三年には、昇太・喬太郎・白鳥・（林家）彦《ひこ》いちらによる「SWA《すわっ》」（創作話芸アソシエーション）が結成されました。

SWAというユニットの活躍によって、新作落語は面白いっていうのが定着していったんです。志の輔さんは新作と古典の両刀使いで、パルコ劇場の「志の輔らくご」は完売が続き、公演日数がどんどん増えて二〇〇六年からは一カ月興行になりました。そこに（立川）談春《だんしゅん》さんが古典落語はすごいんだっていうことを「談春七夜」（二〇〇六年）で、それは当然「志ん朝七夜」（一九八一年）を意識して、仕掛けてきたんですよね。

落語に対するいろいろな取り組みが花を開き、実を結び、落語界全体の新陳代謝につながった。落語は知る人ぞ知る、というものではなく、当たり前に映画や演劇、音楽と並べられるエンタテインメントとして定着していった。

――如実に落語会や寄席に足を運ぶ人が増えていきましたね。

寄席の世界の頂点には（柳家）小三治《こさんじ》師匠がいるんですよ。小三治師匠を狙って行けば間違いなく面白いわけだし、柳家さん喬《きょう》師匠・権太楼《ごんたろう》師匠もいる。談志師匠は元気で、志の輔、志らく、談春と人気者も控えていて。SWAに代表される新作落語で女性ファンがどんどん増え、古典も新作もミックスして楽しめる状況になりました。かねてから定評のあった（柳亭《りゅうてい》）市馬《いちば》師匠や（柳家）喜多八《きたはち》師匠、あるいはその頃二ツ目から真打になった（柳家）三三《さんざ》さんに対してもスポットが当たるわけですよ。だから、九〇年代より、二〇〇〇年代の方が、人材がものすごく豊富になったんです。

人材が豊かになるほど、初心者にとっては誰をどう観たらいいのか分からない。そういう状況の中、広瀬さんの『この落語家を聴け！』が出版になり、この本を指針にとりあえず、落語のライブを観に行ってみよ

立川談笑

うという人が増えた。それは長年落語を取り巻いていた空気を変えることになる。「昔はもっと良かった。志ん生、（桂《かつら》）文楽《ぶんらく》、（三遊亭）圓生《えんしょう》こそが最高の落語だ」というような〝昔は良かった〟呪縛から解放され、風通しが良くなったのだ。自分の感性に合った噺家を見つけ、自由に楽しむ風潮が広がっていった。

――二〇〇五年から十年経った現在の状況はいかがでしょうか。

どんなブームも終わったあとは、空白の十年になったりするものなんですよね。それが全然空白じゃない、むしろすごい。二〇〇五年の時点で、まだまだだった人たちがぐんぐん伸びてきて、二〇一〇年代を華やかな世界にしています。その象徴が（春風亭）一之輔《いちのすけ》さん、白鳥さん、（桃月庵《とうげつあん》）白酒《はくしゅ》さん、（三遊亭）兼好《けんこう》さん。白鳥さんは世代的には喬太郎さんと同じですけど、でも、白鳥さんに対する認知って、今の方が圧倒的に高いと思うんですよ。（三遊亭）萬橘《まんきつ》さんという逸材も出てきました。

――しかも、その下の二ツ目に勢いがある人たちがいます。

ここがポイントですね。さらにその次もすごいという予感がします。僕が大好きな（立川）談笑《だんしょう》さんの二人の弟子、吉笑《きっしょう》さん、笑二《しょうじ》さん。吉笑さんは理屈で攻めてくるヘンな新作がすごく面白いですよ。笑二さんは真っ当な古典やりそうな人なのに実はヘン。今年のＮＨＫ新人落語大賞の東京勢三人（瀧川鯉八《たきがわこいはち》、春風亭昇々《しょうしょう》、柳亭小痴楽《りゅうていこちらく》）は、落語芸術協会の二ツ目ユニット「成金」メンバー。一票差で大賞を取れなかった小痴楽さん、彼も本当にうまい。もちろん何年か前に出てきて大賞を取った（桂）宮治《みやじ》くんとか、（鈴々舎《れいれいしゃ》）馬《ま》るこさんも。女性では新作の（三遊亭）粋歌《すいか》さんが抜群に面白い。古典がうまい（柳亭）こみちさん、江戸前な（立川）こはるさん、アイドル的人気な（春風亭）ぴっかり☆さんもいます。

落語家は全国を飛びまわり、定期的に独演会が行われ、かつてないほどに気軽に落語を観ることができるようになり、落語の楽しみ方が随分とカジュアルになった。広瀬さん自身、主催者からの要望で落語会のプロデュースを手掛けることも多くなったという。

――広瀬さんがプロデュースする「渋谷道玄坂寄席」（旧名「Ｍｔ．ＲＡＩＮＩＥＲ落語会」）は、どのような点にこだわっていますか。

僕のおすすめする人を出しています。「どうなの、落語って面白いの？」って来た人に、「面白いでしょ」って言えるものを提供しているつもりです。

――第四回「市馬《いちば》・志らく二人会」では、志らく師匠が先に『中村仲蔵《なかむらなかぞう》』を掛けて、次いで市馬師匠が『淀五郎《よどごろう》』という意表を突いた構成でした。

若かった（歌舞伎役者の）中村仲蔵が忠臣蔵の「五段目」に苦心する噺が『中村仲蔵』で、『淀五郎』では塩冶判官《えんやはんがん》に抜擢された淀五郎を諭す中村仲蔵が出てくる。中村仲蔵がこんなすごい人になるっていうのを市馬さんが演じて、最高でした。

――今、重点的に追っかけている人はどなたですか？

あえて「今の追っかけベストテン」を挙げると、小三治・志の輔・一之輔・白酒・兼好・萬橘・こしら・文左衛門・昇太・白鳥ですね。

――その噺家を自分が良いと思う一番の理由は何ですか。

それはもう単純に面白いかどうか。落語はエンタテインメントだから面白いことが第一です。完成度とかじゃなくて。それはこちらが心動かされることが大事で、だから完成度が高いのに心に響かないのは、実は完成度が低いってことですよね。

――落語家を批評することは、視点を変えてさらに一歩踏み込むことですよね。

だから僕は原稿を書くときには、自分が本当に分かってるのかって、自問自答するんです。普段、音楽レビューをするときも、何点とか、星を付けたりはしますよね。批評するとか褒めるときには、自分の感性をいつも反省してなきゃいけないと思っています。

——客観的にならないとできないことですね。

人のことをけなすのは簡単なんだけど、褒めるのってすごく難しいんですよね。客観的にいろいろな角度から見てないと、褒めることすらできないんです。つまり感覚だけで言うと、面白い、とにかく面白い、めちゃめちゃ面白いとかしかならない。それって単なる個人的な感想で、全然参考にならない。そうじゃなくて、この人のこういう部分が面白いんだ、こういうところは長所なんだっていうところを分かりやすく具体的に表現するべきだと思います。

——落語にとって一番大事なことは何だと思われますか。

自分の目の前にいるお客さんのためにやる、ということですよね。落語は作品でも芸術でもなくて、あくまでもその日のお客さんに語りかける大衆芸能なんです。寄席に出る噺家さんは、今日はこういう雰囲気だからこういう噺をしようとか、臨機応変にやってますよね。作品ではない。その原点は忘れることは絶対で

立川志の春

立川談四楼

きないわけだし、それは志ん朝師匠みたいに作品として完成している名人芸でも同じことで、志ん朝師匠だって、やっぱりその都度その都度で違っていたんですよ。

――それで、同じ人の同じ噺を何回でも聴けるんですね。

ということなんですね。なるべく生で聴きたいなって、聴いてほしいなってことなんですよ。

「この間、長崎の方からお礼の手紙をもらったんです。僕がよみうり大手町ホール『ザ・柳家権太楼《ごんたろう》』のレビュー記事を新聞に書いて掲載されたとき、ちょうど権太楼さんの長崎の独演会のチケットの発売日で、即完売したんだそうです」とうれしそうに話す。広瀬さんの文章には、読んだ者に噺家への興味を湧かせ、行動を起こさせる力が宿っている。

第二の焦点

老舗だからこそ新しいことを

（聞き手・文／入江弘子）

鈴木 寧

すずき・やすし／1953年、東京生まれ。上野・鈴本演芸場席亭。大学卒業後、番組制作会社に入社し、TBSテレビの音楽番組を担当した。1989年、六代目席亭となる。古今亭志ん朝師匠が亡くなる前に、「志ん生の名跡を預かってほしい」と託され、その重責も担っている。

現在ある寄席の中では一番歴史があり、江戸時代から約百六十年続く老舗、鈴本演芸場。その歴史とは裏腹に建物は鉄筋ビル。ぼーと歩いていると寄席とは気づかないが、入り口右のテケツ（チケット売り場）の上には太鼓があり、前座さんが呼び込みの一番太鼓を鳴らす。のぼりがはためき、本日の出演者がひと目で分かる写真入りの看板。この景色を見ると、今日も魅惑的な寄席へ誘われる。

——ホールには好きな噺家さん目当てで行くけれど、寄席までは行かない方がいますよね。

そうなんです。ご来場いただければ、また来てくださる方も多いんですけど。うちの場合、入りにくいでしょう（笑）。いきなりエスカレーターで上がりますし。

——もとは木造の一軒家だったんですよね。ビルに建て替えられたのはいつですか。

昭和四十六年です。当初ビルの三階にある寄席なんてと危惧されたこともありましたが、おかげさまでなんとか頑張っております。

——最初に来たときに、客席にテーブルがあって、飲食しながら観られるということに驚きました。飲食がダメな会場などが多いですから。

橘家文左衛門

あれは父（先代）の発案です。電車が好きだったんですよ。昔の電車に付いていた折りたたみ式の小さいテーブルにヒントを得て取り付けました。それで寄席で落語を聴くのは、ビール飲みながら、何か食べながらがいいな、肩肘張らない場所だということで付けたんですね。

老舗の寄席という看板とは違い、鈴本席亭はトリ（番組の主任）に、以前から若手や新作派の噺家を抜擢してきた。若手にトリを取らせるということは、成長の場を与えること。見守り、育てる感覚がないと、なかなかできることではない。実際に寄席の動員につながるのは、成長して人気者になった後からだ。目先の動員に目を奪われていると、安全パイの顔ぶれになってしまうだろう。

――鈴本は真打昇進してから比較的早く、寄席のトリに若手を抜擢されていますよね。

うちは若手をどんどん起用しています。若手といってもその興行の責任者ですから、十日間毎日お客さまに満足してお帰りいただく。今まで修行してきた全部を出し切るつもりで十日間高座を務めなければならない訳です。そういうことを若いときにどんどん経験させないと、なかなか度胸もついてこない。私が言うのもおかしいんですが、「鈴本でトリを取ったよ」となると、ほかの仕事に行ったときに箔がつくと言われます。

——噺家さんにとっては名誉なことだと思うんですけど、プレッシャーもありますよね。

そう思いますよ。若手の人にお願いして、だいたい初日、二日目は緊張しっぱなしです。

——この人にトリを取ってもらおうと思うときの決め手は何ですか。

決め手はもう、直感ですね。と言っても、高座は毎日モニターや客席で聴いていますし、それに寄席以外で出演しているときに、そっと聴きに行くこともあります。帽子をかぶって分からないようにしていても、演者に「来てたでしょ」って、バレますが（笑）。そういったなかでトリを任せられるかどうか判断します。

トリを取ってからぐんぐん成長した噺家さんは結構いますよ。その一人が春風亭百栄《しゅんぷうていももえ》師匠です。彼は普段はポ～としているんだけど、落語をやりだすと口調がいいんですよ。トリを取ったことで度胸がついたというか、それからどんどんブレイクしました。（橘家《たちばなや》）文左衛門《ぶんざえもん》師匠、（入船亭《いりふねてい》）扇辰《せんたつ》師匠もいいですね。いずれも真打になって一年ぐらいたってからトリを取ってもらったと思います。いつも言っているのは、「老舗だからこそ一番新しいことをやらなければならない」ということなんです。寄席というレールからあまりはみださないようにしながら、そこに新しい要素を入れたいと思っています。

——ほかに最近、注目されている人はいますか。

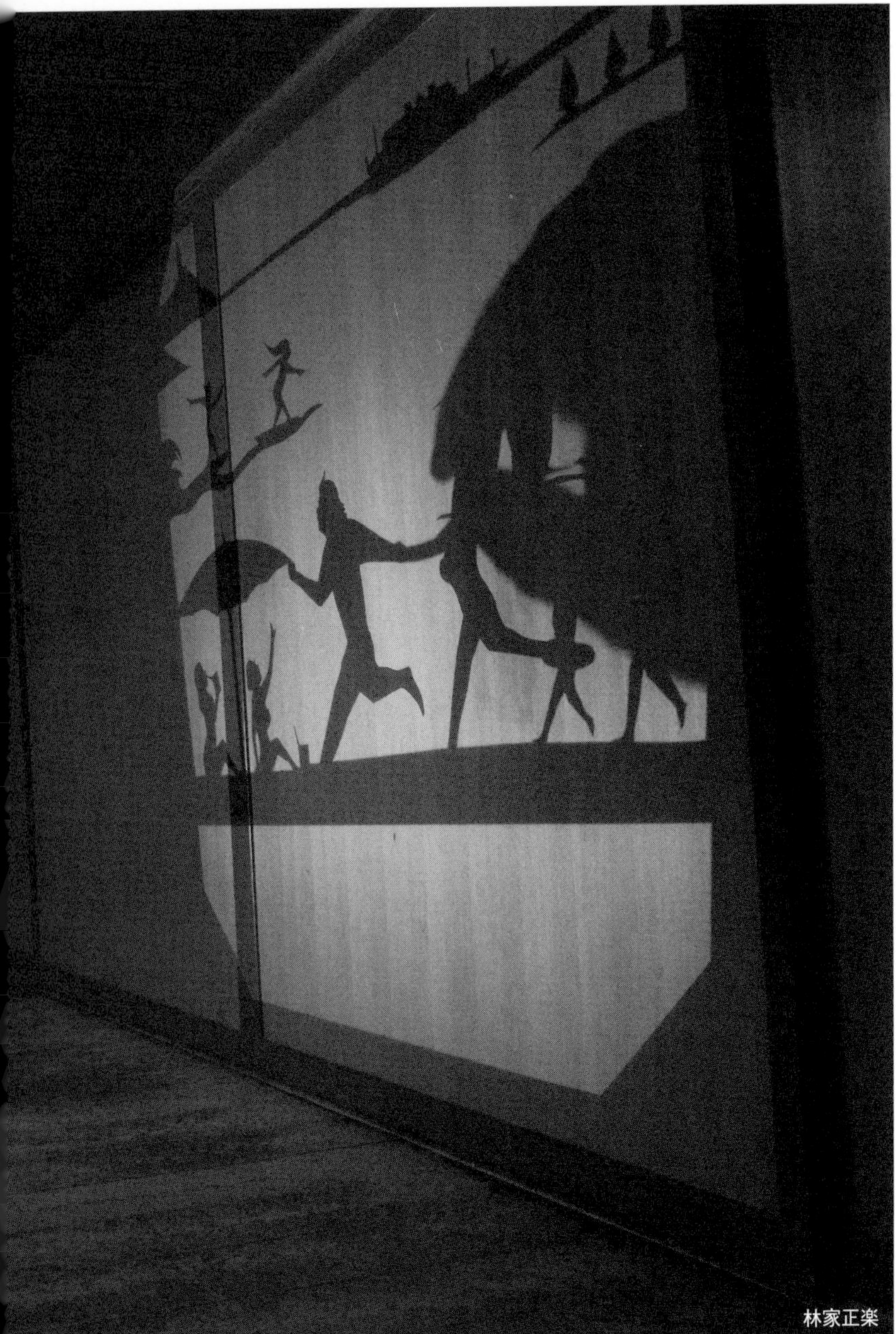
林家正楽

トリを取らせている若手では隅田川馬石《すみだがわばせき》、古今亭菊志《ここんていきくし》ん、三遊亭歌奴《さんゆうていうたやっこ》、古今亭菊太楼《ここんていきくたろう》、蜃気楼龍玉《しんきろうりゅうぎょく》の師匠方はこれから目が離せませんね。

——逆にベテランの方でブレイクする人もいるのでは？

小《こ》ゑ《え》ん師匠の場合は、しばらくトリを取ってなかったんですけど、ここ三年ぐらいはトリを取るようになっています。やっぱり新作落語は作ったときは時代に合っていても、途中で何か合わないときがあるんですよね。小ゑん師匠も六十歳を越えた今、これまでのネタに人生経験が加味されて面白みが出てきました。

それと、鈴々舎馬桜《れいれいしゃばおう》、林家正蔵《はやしやしょうぞう》、柳家《やなぎや》はん治《じ》らの師匠方が上方の桂文枝《かつらぶんし》師匠の新作をやっているのですが、はん治師匠なんてもう完璧に自分のネタになってますよね。むしろ、はんちゃんの方が面白くてうまい。おっと、これは文枝師匠に失礼かな（笑）。

かなり前の話になりますが、春風亭一朝《いっちょう》師匠はきっちりとした正統派の芸人さんでしたが、弟弟子の小朝《こあさ》師匠の影にちょっと隠れていたんです。ある興行で一朝師匠を聴いたら何か吹っ切れたようにガラッと芸が変わったんです。それからトリをお願いするようになり、今ではお弟子さんも大勢いる大看板です。

「お客さんは一期一会ですから、今日来て面白くなかったらまた次はないですよね」と自分に言い聞かせるように話す。時代の流れに敏感で、観客が求めているものが何かを察知する感覚は、席亭を継ぐ前の経歴に大きく関係しているようだ。

――席亭になると決めたのはいつごろですか。

学生の頃は落語にまったく興味がなかったんですよ。家がこういう商売やっていたから知ってはいたんですけど、跡を継げとも言われてませんでした。でもまあ、この商売をやることになるなと思っていましたね。大学を卒業してからは、一年間、TBSの下請けのテレビ制作会社で番組制作をしました。『サウンド・イン"S"』という世良譲さんやしばたはつみさん、由美かおるさんが出演していたジャズ番組です。あの番組を担当させていただいたのはすごくいい経験で、勉強になりました。ジャズ界のトップの方々や超一流のダンサーの方々、外国のタレントさんなどが出演したので、本物を見る目もできました。

――ジャズは落語と通じるものがありますよね。スタンダードナンバーがあって、それぞれどう演奏するかで個性が出ます。

アレンジもするからね。世良譲さんのピアノを聴いて、もう感動しましたね。自由に同じ曲でもすぐにアレンジを変えて、本番になってピシっと決める。

鈴本の特別興行は、通常の寄席とは違う見逃せない企画のオンパレード。三十一日に行われる「余一会」は、大人気の落語教育委員会（柳家喜多八《きたはち》・三遊亭歌武蔵《うたむさし》・柳家喬太郎《きょうたろう》）、席亭が太鼓判を押す古今亭菊之丞《きくのじょう》などが出演。また、毎年六月と十一月に興行を打つ「寄席ＤＡＹ」は今年で五十一回目を迎えた。

――この間の「寄席ＤＡＹ」では、柳家三三《さんざ》師匠と狂言師のコラボレーションによる「狂言噺若戯《きょうげんばなしわかのたわむれ》」が行われましたが、まさか鈴本で狂言が観られるとは思ってもみませんでした。

あれは私の息子（敦さん）が企画したんです。狂言師の大蔵基誠《おおくらもとなり》さんと息子が友人で、かねてから考えていたそうです。この会では、小佐田定雄さんが狂言『佐渡狐《さどぎつね》』に合わせて書き下ろした『亀の甲』を三三師匠が演じましたが、この噺は今後も高座で使えますね。当日のお客さまを見ると、今まで寄席にお出でいただいたことがないだろうなという方が大勢いらっしゃいました。寄席という空間を知っていただく良い機会になりましたね。

――トリによってテーマを打ち出した企画ものも多いですよね。特に柳家喬太郎師匠の「秋の喬太郎まつり～喬太郎ダブル大盛り～」では、仲入り前とトリの二回も出演するという企画で、大盛況でした。

こっちが注文するとね、喬太郎さん乗ってきてくれるんで。面白いだろうと思って、いじめたんです(笑)。「喬太郎夏のR18」や「喬太郎ハイテンション 高カロリー!」というのもありました。寄席だからできるという企画を楽しんでいただきたいですね。それに春には五街道雲助《ごかいどうくもすけ》師匠の「春の雲助噺」で、暮れには「琴調六夜」(講談師・宝井琴調《たからいきんちょう》)があります。

――お盆には「夏まつり さん喬《きょう》・権太楼《ごんたろう》特選集」がいつも大入りで夏の風物詩にもなっています。席亭は、落語が今に通用する部分はどういったところだと思いますか。

落語に登場する人物たちの生活や人情、喜怒哀楽は、時代とともに周りの環境や見た目の様子が変わっていろいろな面で便利になった現代人にとっても、生活の根底にあるものなので共感を得るのではないでしょうか。

――世の中が変わってきている中で昔ながらの寄席の修行は、落語家に必要だと思われますか。

毎日変わるお客さまの前で習った落語をしゃべる、そのほかにも太鼓の稽古、楽屋内の雑用をやるのは将

鏡味仙三郎

春風亭百栄

来全て噺家としての肉になる訳で、寄席の修業は絶対必要です。昔から思うんですが、鳴り物、笛がうまい子は、噺もうまくなる。リズム感が出てきて噺がいい感じになってくるんですよね。太鼓もそう。太鼓は叩けば音が出る。でも〝それは音（おと）だよ〟と。一番太鼓にしろ二番太鼓にしろ、お客さんに〝これから寄席が始まりますよ〟〝楽しいですよ〟と、〝そういう気持ちを込めないと、太鼓の音（ね）にはならないよ〟と教えているんですよね。追い出し太鼓を聞いてちゃんと追い出しになってる子は落語もしっかりしてますよ。

将来、七代目席亭を継ぐ敦さんには、すでに昨年の夏ごろから番組の顔付けを任せているという。「時間ができたら、あちこち落語を観に行きたいです」と鈴木席亭は話すが、高座の噺家たちにはすぐに見つかってしまうことだろう。

鈴本の客席を訪れる身としては、今後もトリに抜擢される若手や、新顔の色物さん、毎回違う「寄席ＤＡＹ」のプログラムという鈴本の伝統である「新しい風」に期待し続けたい。

第三の焦点

北沢タウンホールの挑戦

（聞き手・文／入江弘子）

野際恒寿

のぎわ・つねとし／1944年、静岡県生まれ。アクティオ株式会社エリア統括。神戸大学卒業後、講談社に入社。女性誌『婦人倶楽部』を経て、『WITH』『ViVi』などの編集に携わる。2006年、アクティオ株式会社が運営を始めた北沢タウンホール（のちに成城ホールも加わる）の運営を任され、落語会やイベントの企画制作を行う。

気が付けば下北沢に落語を観に行くことが普通になっている。それだけ魅力に満ちた落語会が多く行われているということだ。思えば毎回、会場で配られる印象に残る写真とそそられるコピーが飛び出してくるチラシに心を捕えられ、まんまと企画者の策略に乗ってしまっているのを承知で、新たに次のチケットを購入する。北沢タウンホールを活性化させ、熱気ある落語の拠点にしてしまったのは、統括兼プロデューサーの野際さん。十年前、館長としてこのホールの運営を任された。

ホールの稼働率を上げるため、ブランド化の一環として試行錯誤で始めた当初の落語会は「惨憺《さんたん》たる結果でした」と言う。そこで、とにかくキラーコンテンツとして当時売れ始めた立川談春《たてかわだんしゅん》に声を掛ける一方で、「北沢落語名人会」を立ち上げた。

——立川談春師匠は、お知り合いだったんですか。

全然。彼は梅ヶ丘に住んでいますから、「世田谷区に恩返ししましょうよ」って口説いて（笑）。あと、偶然の産物だったんですけど、北沢タウンホールにお客さんとして林家《はやしや》しん平さんがいらした。それでしん平さんに声を掛けて始めたのが「北沢落語名人会」。やる以上はお手軽なものをやりたくなくて、ま

柳家権太楼

ず形を整えようと。かっこよく言えば私の美学です。緋毛せんに金屛風はお雛様のようで嫌だったから、紺毛せんにしたくて、生地屋に自分で買いに行きました。鳥の子屛風や太鼓をそろえると百万以上したんですよ。本社を口説くのが大変でしたが、金はかかっても、きちんとしたことをやりたかったんですね。

——第一回が「柳家《やなぎや》さん喬《きょう》・権太楼《ごんたろう》二人会」でした。

無理を聞いて協力してくださったしん平師匠のおかげです。これは客入りが良くて、満席でした。その頃に北沢落語会という無料の会員組織を作りました。会員向けに月に二、三回メルマガを出すんですが、予想外にお客さまから支持していただき、現在は二千人近く登録されてます。

——公演の告知以外にメルマガに書かれる噺家さんのエピソードなど面白いですよね。

ものすごく〝わたくし的〟な書き方をしていて、「私がいいって言ってるんだからだまされたと思って聴いて」っていう書き方を臆面もなくしちゃう。初めのうちは書きたい放題書いて、ばかばかしい楽屋話なんかですけど、そういうのが喜ばれたみたいですね。(笑)。

メルマガでのストレートな物言いと、充実した落語会の内容が評判となり、北沢タウンホールは客が入る

ということから大手芸能プロダクションが使ってくれるようになり、北沢「お笑い」ホールという異名さえ流れた。稼働率も七十パーセントから九十五パーセントへと、飛躍的に上がった。

――独演会でも何かテーマを持っていたりと、北沢タウンホールの落語会は企画ものが多いですね。以前はそういう落語会は少なかったので新鮮でした。

残念ながら下北沢はある意味場末ですよね。場末で新参者が落語会を始めるんだから、都心と同じことやっていたらダメだというのが私の中にあったんです。だから何らか、付加価値を付けようと。当時は企画ものは邪道扱いされましたけれど（笑）。

――例えば、広瀬和生さんが出演者に公開インタビューするのもほかではない企画でした。

最初は「この落語家を聴け！」の会の前に、立川談笑《だんしょう》さんの「月刊談笑」という会の別冊付録として、広瀬（和生）さんにインタビューをお願いしたんです。すでにあるほかの会と差別化をしたかったんです。

――落語は落語で面白いけど、自分が思ってないことを広瀬さんが聞かれるので理解が深まりました。一つの〝世界〟になってますよね。

最近始めた「焦点」も、もともと橘蓮二さんの写真のファンで、うちのチラシの写真のほとんどを橘さんに

三遊亭粋歌

三遊亭萬橘

頼っているんですが、ふと、二十年も舞台袖から芸人を観てきた彼の鑑賞眼を生かせないかと思いついて、「橘蓮二セレクションをやりませんか」と持ち掛けたんです。二つ返事でしたね（笑）。で、北沢の難波館長と三人で打ち合わせをしたのですが、コンセプトから顔付け、構成まであっという間に決まってしまった。広瀬さんも橘さんも、落語に対する価値観を共有できる人たちだからこその話なんですが、かわいそうなのは難波さんで、うら若き女性なのに、おっさんたちの無茶振りに必死に耐えています（笑）。

――みなさん野際さんに言われると新しい扉が開いちゃうみたいな感じですね。

落語に限らずすべて思い付きなんです。勝手に自分でコンセプト作るだけですね。

――ふたを開けてみないと分からなかったけれど、これうまくいったなっていう会はありますか？

「Wホワイト落語会」（二〇一〇年から続く三遊亭白鳥《さんゆうていはくちょう》、桃月庵白酒《とうげつあんはくしゅ》の二人会）が一番びっくりしましたね。まだブレーク前で、七割入ればいいなと思っていたのにいきなり完売でしたから。志《し》の輔《すけ》師匠にご挨拶に行ったとき、楽屋に白鳥さんがいらしたので、「白酒さんと白つながりでホワイト落語会ってどうですか？」と話していたら、そばにいた木村万里さんが「面白そうだから混ぜて」って。彼女とは一緒にお遊びばっかりやってるんですよ。白いシャツで来場いただいたら五百円引きとか。そのシャレにお客さんがノッてくれるか心配だったんですが、楽しんでくださったみたい。粋ですよね。

企画やコンセプト決めから、出演交渉、セッティング、仕切りまで、野際さんは手腕を発揮してきた。実は野際さん、現職の前は、講談社で女性誌の編集に長年携わり、ヒットを飛ばしてきた編集者だった。落語会をプロデュースすることと雑誌の編集をすることは共通することが多い。読者＝観客。いかに面白いコンテンツを手に取ってもらえるか、足を運んでもらえるか。そして落語会に来てもらえれば本物はちゃんと伝わる、その自信があるから、はっきりといいものだと声にできるのだと思う。

――野際さんが出てもらいたいと思う落語家に共通する点は？

基本は、一流しか呼ばない。私がいいと思う人じゃないと絶対呼ばない、という点です。

――その一流とは？

面白い人。どう言ったらいいんですかね。つまんねえ落語家が多いじゃないですか。今、東京に五百人も落語家がいるんですよね。でも呼びたいと思える人は本当に少ない。できる人ってのは、前座の頃から光ってるんですよ。前座、二ツ目だって一流はいます。真打だってピンキリで、全然ダメな人もいますしね。私は自分自身は、落語の素人だと思ってますから、いつも客目線で考えます。その感覚を大切にしたい。非常に偉そうな言い方ですが、私の好きな人を聴いてよって言うことなんですね。私は好きじゃない人は呼びませんから。それに私は、落語を聴いているだけじゃないんです。楽屋の方も見ています。（桂《かつら》）宮治《みやじ》さんは楽屋入りした頃から、その働きっぷりはとんでもないなと思ってたんですね。で、注目していたら案の定伸びました。来年、二ツ目になる（三遊亭）わん丈《じょう》さんも、見習いで師匠のカバン持って来たときに、「あっ、こいつできるな」と。やっぱり今、スーパー前座と言われています。だから、楽屋働き見ていればある程度分かるんです。気働きができるセンサーを持っている人は、入門したときから光っているんです。

自ら素人と言うが、周りは誰もそう思ってはいない。だが、そういう気持ちは理解できるような気がする。そうでないと、新鮮な気持ちで物事が見られないし、感じられない。熟練と慣れは紙一重。そしてプロであるほど、それは意識的だ。

今でこそ二ツ目が注目を浴びて活動の場が増えているものの、通常、二ツ目は寄席での前座修行が明けて束縛から解き放たれるとともに、寄席の出番もぐっと減ってしまう。そこで自分の勉強会を開いたり、同じ二ツ目で会を持ったり、先輩の会に出させてもらったりと活動の場を自分自身で切り開いていかなければならない。その場を与えてくれる野際さんの存在はどんなにか心強いだろうか。

——二ツ目の会にも力を入れておられますよね。

今は二人とも真打になりましたが、二ツ目時代に「こしら・一之輔《いちのすけ》 ニッポンの話芸」を成城ホールで始めました。真打まで四、五年はかかるだろうという時期だったのに、なんとその年のうちに二人とも昇進が決まった。同じ月に抜擢昇進が決まった古今亭文菊《ここんていぶんぎく》（菊六）、志《し》ん陽《よう》（朝太）も、その月、北沢、成城に出ていた。偶然とはいえ、すごいでしょ（笑）。

——今では、二ツ目も非常に人気が出てきています。

二ツ目が豊作だからですよ。かつてないくらい豊作。芸協（落語芸術協会）が今、元気なんです。（柳亭《りゅうてい》）小痴楽《こちらく》とか（瀧川《たきがわ》）鯉八《こいはち》、宮治……あの人たちは素晴らしい。十年後には落語界の地図を塗り替えるかもしれないパワーを感じます。誰に負けるより同じ「成金」（落語芸術協会の若手によるユニット）メンバーに負けるとすごく悔しいって。仲はいいのに、お互いにいいライバル心を持ってる。それがいい方向に働いているんだと思いますよ。落語協会の方が押されている感じですね。もちろん層は厚いです。（林家）たけ

玉川奈々福

沢村豊子

柳家わさび

平《へい》、(春風亭《しゅんぷうてい》)朝也《ちょうや》、(鈴々舎《れいれいしゃ》)馬《ま》るこ、(古今亭)駒次《こまじ》、(春風亭)正太郎《しょうたろう》、少し下がって、(春風亭)一蔵《いちぞう》、(入船亭《いりふねてい》)小辰《こたつ》、(柳亭)市弥《いちや》、市童《いちどう》、(金原亭《きんげんてい》)馬久《ばきゅう》、(三遊亭)わん丈……。立川流では、志《し》の春《はる》、談吉《だんきち》、こはる、吉笑《きっしょう》、笑二《しょうじ》、志《し》の太郎《たろう》などなど。多分、その頃私は生きていないけれど、十年後を考えるとワクワクしますね。

小学生の頃から落語が好きで、作文には「将来席亭になりたい」と書いた少年は、大学生の頃にTBSの「落語研究会」に通い、リアルに古今亭志《し》ん生《しょう》、六代目三遊亭圓生《えんしょう》、八代目桂文楽《ぶんらく》、五代目柳家小《こ》さん、八代目林家正蔵《しょうぞう》など昭和の名人たちや、当時まだ若手だった立川談志と古今亭志ん朝を頻繁に観た。講談社時代は近くの池袋演芸場に顔を出していた。落語と離れずに生きてきた野際さんだが「広瀬さんと写真家の橘さんとよく話すんですけど、今はいい時代だよね、幸せだねって。落語家がみんなそれぞれ自分の個性を出してる、そういう時代に立ち会えているのが幸せだよね」と熱っぽく語る。私たちは今、その歴史的な幸運に恵まれている!

『第四の焦点』

笑いの場をつくり続ける

（聞き手・文／入江弘子）

木村万里

きむら・まり／1948年、富山県生まれ。ライター、編集者。落語会を含む演芸関連のライブをプロデュースする渦産業を主宰。『花王名人劇場』小冊子の編集、毎日新聞で笑いに関するコラム連載などを経て、2004年から、しもきた空間リバティでシャッフル笑いライブ「渦」の7日間公演を年2回行っている。

落語はもちろんのこと、漫才、漫談、アート、大道芸、コント、浪曲、講談などあらゆるジャンルの芸やお笑いをひっくるめて、愛情とユーモアと敬意を込めて世に紹介してきた木村万里さん。その肩書きはライター、編集者、ライブ・プロデューサー、主催者、とさまざまな顔を持ち、手を替え品を替え、柔軟な発想と行動力でいつも一歩先を歩いて、「これが面白いし、楽しいよ」と示してくれている。小学生のときに大阪・角座で中田ダイマル・ラケットの漫才を観て、圧倒的な笑いのパワーにやられた少女は、その余韻と人々が笑うピースフルな光景をずっと心の奥底に秘め成長したという。

——木村さんが笑いの仕事の原点となる『花王名人劇場』(一九七九~一九九〇年、フジテレビ系列)のパンフレット制作に関わるようになったきっかけは、なんと立川談志《たてかわだんし》師匠ですよね。談志師匠とはどのように出会ったのですか。

私が二十歳の頃、大阪のうめだ花月で談志師匠の独演会があったんです。入れごとなしのすごく気合いが入った『芝浜《しばはま》』を聴いて、終わったら立ち上がれなくなるほど衝撃を受けて。それで大阪でパーソナリティになったばかりの談志師匠にファンレターみたいなのを書いたらすぐに返事をくださって、会おうかってことになったんです。

だるま食堂

――夢のような話ですね。

「覚えてますよ。落語の中であなたに二度話しかけました」ってお手紙もらってもう感動。落語家さんって高座からちゃんとお客さんを見てるんだなあってびっくり。前列二番目の席に座っていた私の反応が良かったから、〝この子は〟って気にして見てくださったみたい。それで、お会いしたときにサイン入りの『現代落語論』（立川談志著、三一新書）の本をくださいました。

そのファンレター、文章のセンスが良かったというのは、容易に想像がつく。その後、東京に出てタウン誌の編集の仕事をしていた木村さんに、大きなきっかけをくれたのが談志師匠。そこから、八十年代漫才ブームの先駆けと言われる伝説的な演芸番組『花王名人劇場』のマスコミ向けの宣伝用と公開録画時に客席に配るパンフレットの制作をすることになり、名プロデューサーの澤田隆治さんと深く関わるようになる。

――今、拝見しても豪華な執筆陣。そして笑いをテーマにした考察といい、ただの宣伝用のパンフレットではないですね。

ただの番組宣伝だけだと自分はつまんないなって。それで笑いについてのテーマを立てて、作家の色川武大《いろかわたけひろ》さんには「笑いの内側から」、文化人類学者の山口昌男さんには「笑いの外側から」を書いてもらう連載を始めたんですよ。そしたらこの原稿をいただくのが一番大変になっちゃって。さらにいろんなジャンルの人にお願いして、”人はなぜ笑うのか“というシリーズも始めました。そういうことやってきたから、単なる宣伝パンフじゃなくて笑いを総合的に考える側面も持たせられたんですよね。このパンフからのちに本が四冊出ましたからね。

それにしてもテレビ番組がよくこういうことまでやらせてくれました。澤田さんが演芸に愛情があったからでしょうね。現在ではまずあり得ないです。振り返ると昭和の時代は、まだちゃんとネタをやる演芸番組がありました。それでもテレビ用にネタの放映時間を調整しなくてはならないので、現場の面白さが伝わらなくて歯がゆかったです。

テレビ、雑誌、新聞、あらゆるメディアを経験して、木村さんが今一番大切にしているのがライブという場。下北沢で年二回のペースで開催してきた、シャッフル笑いライブ「渦」はすでに三十六回を数えた。企画から出演交渉、セッティング、予約受付、宣伝まですべてほぼ一人で行う。ちなみに二〇一五年十一月に行われ

ダメじゃん小出

古今亭駒次

た公演は、四日間の全七公演で、ナギプロ・パーティ、寒空《さむぞら》はだか、ダメじゃん小出《こいで》、古今亭駒次《ここんていこまじ》、松元ヒロ、山田雅人、林家彦《はやしやひこ》いち、立川左談次《たてかわさだんじ》、小林のり一、キン・シオタニ、瀧川鯉八《たきがわこいはち》、ラブリー恩田、ぺぺ桜井、だるま食堂、加納真実《まみ》、シルヴプレ、恩田えり、ナオユキ、松尾貴史などバラエティに富んだ面々が参加した。

――「渦」の顔ぶれの多彩さと発想には驚かされます。

結局、自分のキャリアと二〇一五年っていう年と、東京の下北沢っていう若い表現者が集まる土地、そこで自分が今、何をやらなきゃいけないのかって思って。すると、いろんなタイプの笑いを並べて、全部楽しんでもらいたいという気持ちでこうなりました。普通だったら”私はこのタイプ“とかって決めちゃうじゃないですか、ジャンル的に。そうじゃなくて本当はもっと垣根を越えて楽しんでほしくて。

――しかし、どんなライブになるのか予測不能ですよね。どういうところを大切にされていますか?

まず自分が見たいものであるかどうか。「渦」には、芸人さん同士の出会いと交流の場、お客さんが知らないものを発見する場、私の趣味、いろんなことを兼ねさせています。「渦」って名前を付けたのは、その質と量が渦巻になっていろんなことが広まっていけばいいなという想いからです。たとえば寄席っていうのがあって、落語家さん同士がいろんな情報交換していて、仕事を融通し合ったり、地方に行ったりとかして全体が動いていってる訳ですよね。だから案外ほかのジャンルよりもライブで動いてるんですよね。もちろんテレビに出てる人はそれなりの集客はありますけど、メディアに頼らなくてもライブ自体で生きていけるって、これは一番強いことだと思うし、一番好きなところなんです。それと、どこにも所属していない大道芸の人たちを見られる場がほしいなと思って。

——実際に主催するというとすごく労力が必要ですよね。

もう、ねえ。毎回これで終わりって思ってやってますよ。本番の十日前あたりから集客が心配になって一番苦しくなるんです。やっぱダメかと思っちゃって……、でも始まっちゃうと楽しい（笑）。

「渦」は芸の見本市みたいな感じです。そんなふうになってもいいと思うんですよ。で、「自分でも何かやってみたいな」「ライブを開きたいな」と思ってる人たちが全国から観に来て、芸人さんたちに直接交渉するのもいい。だから、お客さんと出演者とみんなで一緒になって作りたいと思っています。

——毎日あちこちで落語会などが開かれています。それだけ「自分でもやってみたい」と思っている人が増えているのかもしれません。

今、サンキュータツオさん（「シブラク」キュレーター）も含めて、いろいろな方が裏方で頑張っています。

これからもっと若い子が出てくると思います。小さいところから、たとえば三十人くらいのところから始めて、そしたらそこからまた違う発想が出てくるんじゃないですか。アート好きな子が落語会やろうかなって思ったら、アートと落語をドッキングさせたりね。いろんなパターンが出てきていいと思いますよ。初めてやるんだからトラブルが出てくるのも当たり前でね、でもそれはちょっとずつ軌道修正していけばいいんだから。

キャリアとかデータとかではなく、なんでもありの感覚で柔らか頭の木村さんは、限りなくおおらかだ。先入観をなくして物事をフラットに見ようと心掛ける。その場に対峙していることがすべて。好奇心が強いから新しいもの、未知なるものに出合える。人気の春風亭一之輔《しゅんぷうていいちのすけ》師匠や柳家喬太郎《やなぎやきょうたろう》師匠は、彼らが大学の落研時代から観ていて、その才能に驚き、いずれ落語家になると確信していたという。

——ずっと落語を観てきていらして、今の落語会や落語はどう思いますか?

今が一番面白い。よく「昔はうまかった、良かった」と言われますけど、もちろん確実に昔の良さってあるけど、今ほどバラエティに富んだ状況はありませんね。いろんなタイプがいて。奇想天外な新作の（三遊亭《さんゆうてい》）白鳥《はくちょう》さんみたいな方や、しっかり古典を聴かせる桃月庵白酒《とうげつあんはくしゅ》さんや柳家三三《さんざ》さん、三遊亭兼好《けんこう》さん、みたいな方がいるかと思えば、個性的な（春風亭）百栄《ももえ》ちゃん、立川吉笑《きっしょう》さん、昔昔亭A太郎《せきせきていえーたろう》さん……数えるのに指が足りない。センスに敏感な若いお客さんが増えてきたからでしょうね、ちょっと変なことも受け入れられる。音楽なんかはもっとすごいでしょ、種類がね。それで言うとまだまだのりしろあり！

――そういう意味では、いろんなエンタテインメントがある中でも、落語ってまだまだ可能性がありますね。

本当に若いお客さんが増えましたから。”シブラク“を後ろから見ていると、客席にいらっしゃるお客さんの頭は黒々としていますよ（笑）。これからまだ落語も、もっともっと広げられる可能性は十分にあります。

――木村さんが特に注目している若手の演者はいますか。

今年閏日（二〇一六年二月二十九日）に「咲け咲け、はなし畑」という会をやりますが、それに出る講談の（神田《かんだ》）松之丞《まつのじょう》さん、（三遊亭）粋歌《すいか》さん、（瀧川《たきがわ》）鯉八《こいはち》さん、（立川）笑二《しょうじ》さん。古典オンリーの人や、新作オンリーの人、どっちもやる人、といろいろ混ぜてみたんです。

――自分で企画される方が一番のおすすめなんですね。

そりゃそうですね。やはり、生で観ていただきたいです。落語家さんのあの着物いいなって思ったり、この演目だから袴なのねとか、噺以外の情報が飛び込んでくるのが生の良さ。人間の五感を怠けさせない方がいい

ぺぺ桜井

ですよね。

――笑いが木村さんのライフワークですね。

現に今、笑うしかない変なこと多いでしょ? まず体をほぐさないと前へ進めない。笑った後に、「あれ? いまなんで笑ったのかな?」って思うことがしばしばあります。自分でも気づかぬうちに何かしらを知ってることが人にはあるらしいんです。ライブをしながら、そんな笑いの不思議を見極めていきたいですね。

立川志《し》の輔《すけ》と異色の色物さんが出る「志の輔らくご あっぱれPLUS」、桃月庵白酒・春風亭百栄・三遊亭兼好・春風亭一之輔「我らの時代、落語アルデンテ」、そして「よってたかってシリーズ」など即完売になる人気の公演を行う一方で、林家二楽《はやしやにらく》・キン シオタニ・遠峰あこによる「キンニラ+あこシアター」といったコラボレーションも手掛ける。いずれにしても、会やライブの企画内容からタイトル、チラシにいたるまで木村さんの愛あふれるアイディアとコピーがちりばめられ、いつでも私たちを新しい笑いの場に誘ってくれる。

『第五の焦点』

横浜に根付く演芸の拠点

（聞き手・文／入江弘子）

布目英一

ぬのめ・えいいち／1960年、神奈川県生まれ。『月刊浪曲』編集人。横浜にぎわい座チーフプロデューサー。江戸糸あやつり人形結城座を経て、浅草の木馬亭で浪曲研究家の芝清之に師事し、演芸研究を続ける。東京新聞で演芸評を担当。解説に、CD『特選落語名人寄席』『蔵出し浪曲名人選』（キングレコード）ほか。

横浜に寄席ができる。もう十三年前の出来事だが、そのニュースにわくわく昂揚したことを今でも覚えている。かつて芝居小屋や寄席でにぎわっていた伊勢佐木町の近くにある野毛は、大道芸フェスティバルでも注目されている土地。町に漂う雑多なエネルギーを感じながら、東京の寄席とは違う、演芸の拠点としての横浜にぎわい座に通っているのは、遠方からも足を運ばせる魅力的な番組があるからだろう。開業当時から携わる布目英一さんが、チーフプロデューサーとしての力量を存分に発揮している。

――オープン当初、横浜にぎわい座独自の番組を考えられたと思うんですけど、東京の寄席を意識されたりはしましたか。

にぎわい座では月の一日から七日の昼間に「有名会」という、寄席形式の落語会をやっています。都内の寄席だと昼間だけで四時間ぐらいあって、十組以上は出るんですね。だいたい十五分くらいの持ち時間で。横浜でもうちょっと違ったふうにできないかということがありまして、二時間半という中で、前座さんが十五分、二ツ目さんが二十分、トリは必ず三十分以上と、持ち時間を比較的たっぷり持たせるようになりました。夜は企画性のあるものや独演会という形が喜んでいただけるんじゃないかと思って出ていただく方を決めました。

立川生志

――夜は人気・実力を兼ね備えた噺家さんの会が多いですね。

にぎわい座を気に入ってくれて、久しぶりに定期的に独演会をやろうかって人も出てきました。今、(三遊亭《さんゆうてい》)円楽《えんらく》師匠が独演会を毎月のようにやっているのは、にぎわい座しかないんじゃないですかね。(林家《はやしや》)たい平《へい》師匠、(立川《たてかわ》)生志《しょうし》師匠も隔月でやっていただいています。それから、(立川)志《し》らく師匠は、百の得意演目を自分で選んだ「志らく百席」を達成させたあと、さらに「続・志らく百席」も六年にわたり続けていただきました。それがこの秋に終わりましたが、二〇一六年早々から「新・志らく百席」がスタートします。

――出演者はどのような観点で決めるのですか。

これからもっともっと良くなるだろうって思った人ですね。それが結果的にはお客さんにも喜んでいただいてます。良いと思う演者は、お客さまでも、落語会を開いている方でもだいたい似てますから。だからにぎわい座の場合は、お客さんの支持が厚い落語家さんたちに出てもらえていると思っています。

大きなホールを完売してしまう噺家の名前が次々と挙がる。客席数三九一席とにぎわい座のちょうど手ご

ろな大きさの会場は、舞台をぐるりと客席が囲み、演者と観客が一体感が持てる環境だ。もちろん、噺家からもやりやすいと評判がいいようだ。

——二〇〇二年に開館したあとに落語ブームも経験して、その流れの中で何か変わってきたことはありますか。

そう変わってきてはいないですね。独演会は盛況です。そういう意味では、お客さまもかたくなです。お客さまはお金を払って、この演者が良いと思って足を運んでいらっしゃるんだから、その判断は間違ってはいないですよ。間違ってはいないけれども、私からするともったいない気はしています。その演者に限ってしまうことはない。今、一番落語家が多い時代なんです。それで層が厚くなってきて個性の幅も広くなってきています。例えば、同じ噺でも違う人で聴いてみる。それも世代の違う人で聴くとまた変わってくるし、発見もあるので、いろいろな人を観ていただくともっともっと楽しんでいただけると思うんですよ。若手の噺家もいいですが、六十代の師匠方の味わいっていうのもいい。「睦会《むつみ》」という、入船亭扇遊《いりふねていせんゆう》師匠と柳家喜多八《やなぎやきたはち》師匠と瀧川鯉昇《たきがわりしょう》師匠の三人でやっていただいている会はおすすめです。

——いろいろ聴き比べるのも落語の楽しみ方でもありますね。

そうなんです。特に鯉昇師匠は特異な経験をしている人ですから、そういうのが高座に出るんですよ。鯉

立川志らく

林家たい平

昇師匠の最初の師匠である八代目春風亭小柳枝《しゅんぷうていこりゅうし》師匠は地べたに平気で寝ちゃうような方で、その師匠から学んだことっていうのは路上で寝るときの新聞紙はスポーツ紙に限る、と。カラー印刷で写真があるからその分あったかい。日経だとダメなんだって（笑）。そういうのが自然と高座の中でにじみ出てくるので、発想がすごく不思議なんです。『時《とき》そば』なんて普通じゃ考えられない展開があって面白いんです。

独り舞台の落語は、生身の演者自身がどうしても出てくる。それがそのまま落語という芸能の魅力だ。六十代でも、いや七十代、八十代でもにじみ出てしまう面白さは「無理に考えたことではない、自然と出てくるもの」と布目さんは言う。それが年を重ねた噺家の武器にもなり、若手に関してはさまざまな経験を積むことで身についていくのかもしれない。

――にぎわい座には「のげシャーレ」という小ホールもありますが、こちらは立川こはるさん、桂三木男《かつらみきお》さん、林家たけ平《へい》さんなど、若手が中心ですよね。

若手の登竜門になっていますね。初代館長の玉置宏先生が、若手に一生懸命に演じていただくにはコンクールを開くよりも独演会の方がいいだろうと提案されて始まりました。やっぱりにぎわい座は大きくてなかなか二ツ目さんとかの出る場所がないので、独演会を基本として、二人会や三人会をやっています。当初は生志師匠や（三遊亭）兼好《けんこう》師匠、（春風亭）一之輔《いちのすけ》師匠などが定期的にやってくださいました。

――より舞台と客席が密接で、ライブハウスのようです。

真打になっても、人によってはこの空間がいいって言ってくれます。一之輔師匠は、独演会はもう小ホールではやらないんですけども、コラアゲンはいごうまんさんっていうドキュメンタリー漫談家との二人会はやっています。コラアゲンはいごうまんさんがね、面白いんですよ。一時間くらいしゃべるんですが、巧みな話術で、話の構成も良く、引き込まれてしまうんです。それがユニークな体験で、例えば、『私はこの前、奴隷の入試に行ってきました』って話。そこにちゃんと涙もあるし、人情があるんですよ。またあるときは、ごみ屋敷に行って、ごみ屋敷の住人と話したリアルニュース。だけどそれがワイドショーにたまたま映っちゃって、ただの笑いのノリでやってる芸人っていうふうに扱われてショックだったって、それはそれで面白いでしょ。こういう不思議な人なので、一之輔師匠が学びたいって気持ちがあって、年に二回のペースでやっているんです。

――演芸の世界はまだまだ奥が深いですね。そういう芸人さんたちもバラエティに富んでいるから、噺家にとってはそういう方たちと共演できる場にもなっているのですね。

落語っていう、もともとのひな型があって、それを受け継いで頑張っていくこともすごくすてきだけど、形のないものを形にしていくのもすてきじゃないですか。ダメじゃん小出《こいで》さんは、本来はジャグリングの専門なんだけど、しゃべりが達者で、今は鉄道の魅力について語る会とかやっているんですよ。それがもう大人気でね。そういうふうに芸が変化してくのも面白い。で、先輩格の松元ヒロさん。ヒロさんには、上のホールでチャップリンの映画を、マイムと語りで再現していただきました。まぁそういうふうにいろんな人にやってもらってます。

ちなみに「のげシャーレ」の二〇一六年二月のラインナップを見ると、三遊亭時松《ときまつ》・春雨《はるさめ》や雷太《らいた》・古今亭志《ここんていし》ん吉《きち》「魅せる！はなしか三人衆」、三遊亭萬橘《まんきつ》独演会「よこはま萬々」、桂宮治《みやじ》独演会「よこはま宮治展」と、この本でも注目の噺家がめじろ押しだ。

――落語をまだそんなに知らない人が落語に目覚めるとしたら、どういったところにあると思われますか。

それはやっぱりその人による（笑）。別にどんなのでもいいんですよ。出てくる落語家がかっこいいからという理由でも。それって間違ってないんですよね、やっぱり華のある人じゃないと芸人には向かないし。あと、

「あの人は手がきれいなのよね」と言う三十代の女性がいましてね。手の動きがきれいに感じたのですね。落語は仕草の芸でもあるのでそれはそれでいい訳で。だから自分が感じたままに落語に親しんでいただければいいんじゃないですか。

――確かに見た目から入って、噺の世界に引き込まれることもあります。

落語は観客が想像して初めて成立するものですが、落語家は、思った通りに観客が想像しているかは分からない。でも落語家ってそういうところで勝負してるんです。それはたぶん喜怒哀楽の情に訴えることで、共感を持たせたりしているからだと思うんですよ。

落語は、江戸時代にはすでに基になる小噺があったりしますが、それが一言一句違わずに伝承されてきた訳じゃないですからね。演者は、明治時代には明治時代の風俗に合わせて内容を変えていってるし、大正・昭和もそうですよね。五代目の（柳家）小《こ》さん師匠も若い頃はいろいろ工夫してやっていたというし、（八代目桂）文楽《ぶんらく》や（古今亭）志《し》ん生《しょう》という名人もそうだった。落語は「古典」と思われていることが多いけれど、古典落語も結局は新作と同じ精神です。だから絶えず時代に合わせて変えていくのが落語。今の落語界には、そういうことをどんどんやっていいっていう風潮があるので、それが今の落語の魅力になっているんじゃな

桂宮治

瀧川鯉昇

いですかね。

――これからのにぎわい座について何か考えてらっしゃることはありますか。

芸人さんというのはやっぱり世代交代っていうのが必ずあるので、その流れを見ながらいつも皆さんに親しんでもらえるような場にしていかなきゃいけないと思っています。年配の師匠から若手までできる限る目配りして、その時々の新鮮な内容にしていく。まぁ落語自体が固定したままでいるものではないから、やっぱり時代と共に変化していきたいですね。

布目さん自身、かつてテレビなどで夢中になって観ていた芸人さんもまだまだ元気で舞台に立つという現在、超ベテランから若手までが同じ舞台で観られる、豊穣な芸の時代がきている。にぎわい座は平和と夢と刺激が共存している空間だ。布目さんはこれからもここで落語との新たな出合いを創出し続ける。

柳家喜多八

松元ヒロ

中入り

〝もう一つの焦点〟

さだまさし×橘蓮二対談

さだまさし

1952年、長崎県生まれ。1973年フォークデュオ・グレープとしてデビュー。1976年ソロ活動を開始。ソロ通算4150回（2015年12月末現在）を越えるコンサートのかたわら43作のオリジナルアルバムをリリース。小説家としても10作の作品を発表。NHK『今夜も生でさだまさし』のパーソナリティとしても人気を博している。

文：佐々木克雄　**撮影：**山下ヒデヨ

橘　第三回「焦点」（北沢タウンホールでの落語会）は、おかげさまで一時間ほどで完売しました。

さだ　（笑福亭《しょうふくてい》）鶴瓶《つるべ》ちゃんならそうだよね。

橘　鶴瓶師匠を三百席の会場で観られるというのは、そうそうないので。

さだ　まじめに落語をやり始めて、十五年ぐらいになるかな。立川談春《たてかわだんしゅん》に会わせてから随分変わったんだよね。「落語せえへん」って言うから「落語しないのに落語家だなんてふざけるな」って責めたの。それで鶴瓶には人情噺が合うと思ったから勧めた。自分が期待している落語家には（人情噺を）勧めるね。人情噺をすると腹をくくるから、笑いを欲しがらなくなる。それで笑いにつぶされない自力ができる。だからって誰でもできる訳じゃないから。信頼できる人にしか言わないけどね。

橘　最近、桂春蝶《かつらしゅんちょう》師匠がいいんですよ。

さだ　『エルトゥールル号』ね。聴きました。春蝶は良くなるだろうな。東京を拠点にし始めて……いいですね。春蝶に「東京に来い」と勧めたのは鶴瓶でね。本人がその気になって「来ました」って言ったら鶴瓶が「何で出て来たんや」って（笑）。エエ加減やからね、あの男は。

橘　さださんを撮らせていただいたのは、二〇一二年のツアーパンフレットからでした。あんなに緊張したのは立川談志《だんし》師匠を初めて撮ったときと、勝新太郎さんを撮ったとき以来で（笑）。アルバムの最後の曲を日程ギリギリで作られている局面の、ものすごいピリピリしているとき。僕には「好きにしていいよ」って言ってくださったんですけど、集中力が上がっていったら僕以外はスタジオから出てくれって話になって「扉の開く音も気になるから全部閉めて」って……俺、この状況でシャッター押せないじゃんって（笑）。

さだ　それは申し訳ない。でも、よく談志師匠を平然と撮りましたね。

橘　最初はあいさつしても一瞥《べつ》……みたいな感じだったんです。何も言ってくれなくて。興味も示してくれなかったんですけど。とにかく撮影させていただいて写真だけ持って行って、それを二年ぐらい続けたら……今でも忘れられないんですけど、二〇〇六年、吉祥寺の前進座という劇場で一門会があったときに初めて「おい、橘」って呼ばれたんです。そしたら「お前、もう好きにしてもいいよ。いつでも撮らせてやるよ」って。それからどこの会の高座でも楽屋でも撮らせてもらえるようになったんです。それまでの二年間は「お前はどういう写真を撮るんだ。俺をどう見てるんだ」って、ずっと見てたということですね。

さだ　だから橘さんの写真には体温が写ってるんだね。まさに談志が写ってるもんね。みんなが見たい談志でもあり、見ることができない談志でもあるんだよね。それが羨ましい。僕が談志にはまったのは高校時代なんだけど、それまで三遊亭圓生《さんゆうていえんしょう》、古今亭志《ここんていし》ん生《しょう》、柳家小《やなぎやこ》さんを聴いてきたけど、談志は革命的だった。

現代人の体温の「間《ま》」で喋った最初の人じゃないかな、談志って人は。それまでは形式美の中の間なんだよな。でも志ん生の間だけは読めない……それが彼の魅力だったけど。

橘　志ん生師匠は晩年、存在自体がすごかった。高座で寝てても、お客さんが「寝てる志ん生が見られるんだから寝かせとけ」って有名なエピソードがありますよね。

さだ　志ん生は、倒れて復帰したときに観たと思うんだけど、何を言ってるのか分からなかった。あと圓生さんが酔っぱらって寄席に出るのが不思議だったね。まじめそうに見えるじゃない。でも、いい加減な人だったんだね。それで高座に上がるとすごい下品なバレ話をするんだよね。そういうのを高校時代に聴いてね、寄席ってこういう猥雑な空間なんだって圓生に教わったよ。でも空気感が変わるって点では林家三平《はやしやさんぺい》に勝る人はいなかったな。出てきた瞬間にワァッってなるから温度がバッと上がるわけ。三平にも影響を受けている。だって出てくるときに尻の方から、尻を突き出して出てくるんだよ。エンタテインメントって、これなんだって。

橘　お客さんが大事なお金と時間を使って楽しんだらいいんですよね。以前は、一部には「落語はこういうモノ」っていう雰囲気もあったけど、エンタテインメントなのだ

から、お客さんが楽しむのが第一だと思いますよ。

さだ 昔の寄席は彩りがすごかった。春日三球《かすがさんきゅう》・照代《てるよ》は出てくるだけで歓声が起きていた。それとチャンバラトリオ。世の中にこんなことがあっていいのかと思った。だってトリオなのに四人いたんだよ（笑）。東京コミックショウにしても異常だったからね。

昔、『花王名人劇場』というテレビ番組でプロデューサーの澤田隆治さんに「トークやって、歌やれ。好きな芸人を二組呼んでやる」って言われて、その人たちに来てもらったな。横山やすし・西川きよしさんにも来てもらった。収録後にやっさんに呼ばれたんだよ。

「あんたな。あんでエエ、あんでエエ。ただな、肝心な言葉はな、動いてしゃべったらアカン」

……俺、芸人の扱いだった（笑）。

橘 肝心なところは動かないって大事ですよ。僕は舞台袖で撮影していますけど、いつも腰から下の動きを見ています。軸がブレていない芸人さんは一流なんです。

落語の神様にチョイスされちゃう人もいますよね。立川志《し》の輔《すけ》師匠は、鞄持ちやって普通に寄席に修行に入ろうと思ったら「出るぞ」って談志師匠に言われて立川流の英才教育を受けて、自分がすべて受けとめてああなった。そうなりたいと思ってもなれない、選ばれた人なんだなと。

さだ　それを責任と感じていく人が、その後もその世界で生きていけるんでしょうね。感じない人は壊れていく。せっかくチャンスをもらっているのに……もったいないなって思う人がいる。

橘　プロってトーナメント戦でなく、ずっとリーグ戦をやらなきゃいけなくて。レベルの高いアマチュアの人って、一番調子の良いときに「俺イケるんじゃない」と思っちゃうんですよね。でもプロの僕らは年間に百何十という試合を十年、二十年とやっていかなきゃいけない。高いレベルをずっとキープしていく必要がある。なのでアマチュアの人たちの「たまにいい」ではダメなんです。談志師匠が「一流ってのは、質と量を伴うやつなんだ」って言ってましたけど、さださんは毎年アルバムを作っているじゃないですか。そういうことなんですよ。作り続けるという……。

さだ　作り続けるの、つらいけどね（笑）。

橘　若いミュージシャン、噺家といった表現者たちが、さださんを見てすごいと思うのはそこなんですよ。

さだ　僕は落語家にならなくて良かったと思う。落語の世界が現代と乖《かい》離しているから、例えば廓《くるわ》とか設定を誰も理解していない。これからの落語って本当に大変だと思う。

橘　若い芸人さんが現代風に解釈をするようになったのはいいのかなと思います。談志師匠みたいに一回壊してから、もう一回自分で構築し直す……みたいに自分の中に取り込んで解釈をする。志の輔師匠の『しじみ売り』は鼠小僧《ねずみこぞう》が自首するんですが、オリジナルでは子分を自首させてるんです。現代人が聴いたら後味が悪いと感じる部分もあるんですけど、志の輔師匠は自分の中に取り込んで現代の人にも感動できるよう作り替えをしてるんです。

さだ　昔のものを忠実に再現するのが芸だとは、僕は思わないのね。だって今の時代劇を観て分かるように、女性がお歯黒を付けていたら怖いでしょ。噺を覚えてから裏付けを取っていくのか、その逆なのか。でもあんまり裏付けばかりやっても頭でっかちになって噺がつまらない……これはね、今後の落語にとって大変な課題だと思いますよ。だから今こそ新古典が求められているんじゃないかな。

橘　今、噺家さんの数は東西合わせて八百人、過去最大なんですよ。若手がいろんな形で頑張っていて、講談の神田松之丞《かんだまつのじょう》さんはまだ二ツ目なんですけど、彼みたいに講談の神様に選ばれた人もいて……講談も含めて若手が増えてきている。その中で自分の芸をしっかり考えられている人たちが、この先を支えていくと思います。あと、先入観を持たないで観に来てくれる若いお客さんが増えていて、それはすごくいいことだと。

さだ　橘さんみたいな人ってスポークスマンだと思うんですよ。「橘蓮二がこんな写真を撮ったけど、この人……いいな」ってところから、その人の芸を見つめさせるのは、これから非常に重要になってきているよね。

橘　そうですね。演芸の写真を撮り始めて二十年になるんですが、以前、橘の写真を見て興味を持って観に行って、そこから落語の世界に入りましたっていう方の話を聞いて、とてもうれしかったんです。写真を発表し続けるのが自分のライフワークではあるんですけど、「この芸人さんはぜひ観てもらいたい」という想いが常にあって、それで今回こういう落語会のお話をいただいて、演出、顔付けをさせてもらいました。写真はもちろん、いろいろな形で今後もおすすめの落語家さん、芸人さんを紹介していくのも自分の仕事だなと思っています。

……あ、吐きそうなくらい緊張した撮影、もう一つ思い出しました。十年ほど前、相模原で桂米朝《べいちょう》、柳家小三治《こさんじ》二人会の楽屋でツーショットを撮るっていうのを……もう、戻しそうでした。

さだ　それは吐く吐く（笑）。松山千春、谷村新司の座談会みたいなものだよ（爆笑）。

柳亭市馬

ロケット団

立川笑二

三遊亭遊雀

古今亭菊之丞

柳家ろべえ

橘家圓太郎

桃月庵白酒

『第六の焦点』

らくごを生み出す渋谷らくご

（聞き手・文／阿久根佐和子）

サンキュータツオ

さんきゅー・たつお／1976年、東京都生まれ。早稲田大学第一文学部、同大大学院で日本語学を学ぶ。大学院在学時より早稲田大学落語研究会で出会った居島一平と「米粒写経」を結成。現在は一橋大学の非常勤講師も務める“学者芸人”として、雑誌連載や『東京ポッド許可局』（TBSラジオ系列）、『荒川強啓デイキャッチ』『米粒写経のイマドキ用語の基礎知識』（FM JFN系列）などで活躍。

林家彦いち

むせ返るような若者の活気に当てられて、いつしか足が遠のいてしまう街・渋谷。大人の目から見た渋谷円山町はそんな場所だ。そんなエリアへ再び足を向けたくなる場所が生まれたのは二〇一四年十一月。「渋谷らくご」、略して〝シブラク〟がユーロライブでスタートしたのだ。活きのいい二ツ目、若手真打を中心とした独特の番組と、〝笑える〟ことに主眼を置いた企画で、落語への第一歩は、うんと踏み出しやすいものとなる。昨今数を増やした落語女子＝らくこを生み出す場所の一つと言えるだろう。エッジの効いたこの会の企画を行うのがサンキュータツオさんだ。

――タツオさんがキュレーターを務める「シブラク」。どんな経緯で始まったんでしょうか？

いやもう、その〝キュレーター〟というの恥ずかしい！　意味も知らないし！　僕自身、米粒写経というコンビで漫才をやっている芸人。演者の側にいる訳で、それが演者さんを選んで落語会をやっていいのかなという葛藤はずっとあるんです。縁あってお声掛けをいただいたのが、「シブラク」スタートのわずか一カ月前でした。渋谷は、古くから「東横落語会」が行われていたり、渋谷ジァン・ジァン（二〇〇〇年に閉鎖された小劇場）でいろんな刺激的な会があったりと、元来は落語に縁が深い場所。そういう文化を発信してきた街への思い入れや、だからこそ現代の落語を発信する場所がほしいという熱意をオーナーから説かれまして……。今も悩みながらやっているんです。

――ベテランから二ツ目までが三十分という同じ持ち時間で高座に上がったり、新作のネタ下ろしがあったりと、かなり挑戦的な会ですよね。よく一カ月で開演にこぎつけましたね。

ひと月では無理とは言ったんです。落語をやるったって動線がない。「じゃあこれから後ろの壁に穴開けてドアを付けます」なんてところからのスタートでしたから（笑）。手伝ってくれる若いスタッフは〝立川流《たてかわ》〟を〝タチカワリュウ〟と読んでしまうほどに落語に関しては初心者でしたし……。でも、僕自身が十代から二十代の間、落語にすごく幸せな思いをさせてもらったので、何か恩返ししたいという気持ちはあったんです。だからあえて「初心者向けの会」と言い切ることにしました。その裏には、あの当時の自分の気持ちになって、落語を聴いたことのない友達を連れて行きやすい会にしたいという思いもありましたね。

タツオさんと落語との関わりの初めは、早稲田大学入学の頃にさかのぼる。内田百閒《ひゃっけん》や夏目漱石ら文人たちが夢中になった〝落語〟とはどんなものか聴いてみたいと、大学の落語研究会に入るのだ。〝オチケン〟ではなく〝ラッケン〟と略すこのサークルは独特で、落語の実演より鑑賞や研究に重きを置く会。学生数の多い大学らしく、サークルもかなり細分化していた。「落語研究会を選ぶのは新入生約一万人の中で一人か二人。かなりの変人です」と笑うが、このサークルでの経験は、実は「シブラク」にもつながっている。

――大学生の頃から落語をかなり聴かれていたんですね。落語研究会での思い出はありますか？

大須演芸場（名古屋市にある中京圏唯一の寄席）や上方落語までカバーして聴いている人、噺家の系図に詳しい人……と、今思えばあの落研は、異様なまでに落語に詳しい人ばかりだったんです。僕はついていけないほどで、一人で聴きに行くことの方が多かったですね。ただ、「わせだ寄席」という落語会を主催する伝統がある会では、いろんな噺家さんにお世話になりました。「鑑賞会」といって学内に噺家さんをお呼びして学生だけで聴くような会もあったり。まだ二ツ目だった立川談春《だんしゅん》師匠、亡くなった十代目桂文治《かつらぶんじ》師匠、昔昔亭桃太郎《せきせきていももたろう》師匠、柳家喜多八《やなぎやきたはち》師匠、春風亭昇太《しゅんぷうていしょうた》師匠……そういう方々が来てくださる会を、今の言葉でいう〝プロデュース〟する訳です。時間をかけて演者さんと関係を築きながら、どうやったら演者さんが気持ち良くやっていただける会を作れるかをずっと考えていました。「シブラク」での役割に入っていけたのは、その時の経験があったからかもしれません。

——当時、特にお好きだったのはどんな噺家さんですか？

立川談志《だんし》、古今亭志ん朝《ここんていしちょう》の両師匠がいた時代ですから、そこはかなり聴きましたし、立川志の輔《すけ》師匠にも傾倒しました。ただ、大学院の頃には自分でもお笑いを始めて大貧乏時代に突入し、かつ志ん朝師匠が亡くなって精神的支柱を失ったような気持ちになり、少し落語を離れるんです。それでも春風亭一之輔《いちのすけ》さん、立川志ら乃《しの》さん、立川こしらさんなど、同世代の噺家さんがどうなっていくかはずっと気にしていました。

——「シブラク」をスタートさせる時に最初に声を掛けたのが春風亭一之輔師匠だったとお聞きしています。

もう『東京かわら版』の告知も間に合わないようなタイミングだったのですが、師匠を少し存じ上げていたので「来月スケジュール空いてませんか」とお声掛けしたらご快諾いただき、それからずっと出てくださっています。「自分が二ツ目の時、なんのメリットもないのに（柳家）三三《さんざ》兄貴が自分の会に出てくれたように、自分も若手に還元したいんだ」っておっしゃって。「お客さんは、落語が初めての、笑いに来てる方たちでしょう？　だから笑わせますよ」と。そのお気持ちをいただけるなら、やっていけるかもしれないと思いました。

「シブラク」はこうして、綱渡りのように始まったとは思えない、コンセプトの際立つ落語会としてスター

春風亭昇々

瀧川鯉八

トを切った。毎月第二金曜から五日間、十八時開演の一時間公演と、二十時開演の二時間公演の二本立て（土日は十四時と十七時の開演で共に二時間公演）。各演者の持ち時間は、基本的には一人三十分。二ツ目と大ベテランが共演したり、古典と新作が混ざり合ったり。ほかではなかなかお目に掛かれないような番組が続く。

――会のコンセプトはどのようにして作っていったのでしょうか。

渋谷で、新規参入で会をやる。はっきり言ってアドバンテージはひとつもない訳です。だからデメリットをメリットにするしかありません。僕が落語会に通い始めた頃、通常の開演時間は十八時半でした。でも二〇一五年の渋谷ならば、開演は二十時だろうと。かつ二回公演にしてほしいというオーナーからの要望があったので、十八時からの一時間と二十時からの二回にしました。昼間にやると趣旨がぶれるだろうと思いまして。今、渋谷にいる人たちの生活サイクルの中に落語を位置付けていくためにはそれしかないと。また、お客さんは若く、落語に慣れていない人が多いというのも想像がつきました。僕は寄席が大好きですが、寄席は懐石料理のようなもの。気を抜く時間と集中する時間とがうまく配列されていますよね。でも芝居や音楽のライブに親しんでいる人たちは、最初から最後まで集中することに慣れている。だから最初からハンバーグが出てくるような公演じゃないといけないな、と。三十分一本勝負で四人、というのはそんなところから出てきたアイデアです。

――前に上がった二ツ目さんをいじるまくらの長い師匠、まくらなしでずばっとネタに入る師匠、思い切った大ネタをかける二ツ目さん……と、演者の方も「シブラク」を楽しんでいるように思えます。

三十分は二ツ目には長く、真打には短めの持ち時間。何をやればいいのか、特に二ツ目さんには負荷の大きい長さだと思います。でもそれを楽しんでもらうことくらいしか、お客さんもギャラもまだまだ少ない僕らの会で提供できることはありません。特にベテランの師匠の方々には、この会は二ツ目と若手真打を中心に、ベテラン真打を尊敬する会です、ってご説明するんです。幸い、初めて落語を聴く人にも、同じ時代の空気を吸っている人だと感じられる方々に出ていただけています。それは本当にありがたいですね。

思い切って〝渋谷にいる人々〟をターゲットにした「シブラク」のお客さんは、事実若い。「回を追うに連れて若い人が増えているような気がする」とタツオさんも話すように、ツイッターなどSNSのコメントをのぞいても「初めて落語に行ってみた」というコメントが目立ち、新しいファン層をじわじわと広げているのは間違いなさそうだ。若いファンの獲得に一役買っているのがウェブの活用。「シブラク」のウェブサイトはレビュー、プレビューが充実しているほか、ポッドキャストやニコニコ生放送での中継などの展開も行っており、落語がほかのさまざまなカルチャーと同じく、すぐ身近にある楽しみだと感じさせてくれるのだ。

――ウェブのレビュー、プレビューもサンキューさんが書かれていることが多いんですね。

お客さんにとっては一回一回の公演が本当に特別なんですよね。僕がそうであるように「あの時のあの高座は本当に良かった！」という思い出で一カ月、一年、もっというと何十年も生きていける。そういうふうに行き帰りの時間や、日々の生活まで余韻を引きずっていくための手助けをしたいんです。落語会に通っていた大学生の頃、木村万里さんのフリーペーパー「笑っていいもんかどうか（わらもん）」でレビューやコラムを読むのが本当に楽しかった思い出もありますし。落語に触れたことのない人の、「落語って難しそう」というイメージを取り払って興味を持ってもらうためにも、ネットで見どころを解説したり、レポートしたりするのが有効なんじゃないかと思うんです。半年前から、レビューはモニターの方をツイッターで公募し、個性的な方々にお任せしています。正直、時間もとられて大変な作業ですけど、落語が好きな方からすれば、「シブラク」はネタも観たことのないようなタレントが、キュレーターなんて生意気な肩書きで片手間にやっている会のように見えるに決まってる。それでもやるんだから、手間をかけなきゃだめですよね。

瀧川鯉斗

柳亭小痴楽

――これから「シブラク」で呼んでみたい方はいらっしゃいますか？

そりゃあたくさんいます。でも僕は極論を言うと落語家さんは皆好きなんです。どの方にも味があって、もがいている姿も好きだし、成長していく過程もいい。「シブラク」で初めて落語を聴いて、そこからある噺家さんにフォーカスして追いかけていけば必ず出会える方っていらっしゃいますよね？　だからその線がいろいろに広がっていくような、ハブとなる方に出ていただけたらとは思っています。"初心者向け"を謳ってはいますが、「シブラク」の顔付けは見る方が見たら、いい意味で「なんか変だぞ」と思えるようになっていると思うんです。全員協会が違ったり、浪曲が入っていたり……。そういう、何やるのか分からない感じに興味を持っていただける、過激派の落語ファンにももっと浸透していけたらなとは思います。

タツオさんが主催者として大いに悩み続けるのは、落語をよく知り、演者と聴き手の両方に強い思い入れがあるから。だからこそ聴き手としては信頼できるのだし、いたって気楽に「シブラク」で笑うことができるのだ。「現場にいない人が何かを決めて、良くなることは一つもない」と、タツオさんは公演中、極力現場に身を置く。文字通りに身を削って会を続けるこの人の「シブラク」は、いつか落語の何かを変えるだろう。

第七の焦点

本とコーヒーと落語と

（聞き手・文／阿久根佐和子）

青木伸広

あおき・のぶひろ／1970年、東京都生まれ。早稲田大学を卒業後、演芸、映画、音楽などエンタテインメント全般にわたって執筆を行う。2008年、地元・神田神保町に『らくごカフェ』をオープン。近著に『面白いほどよくわかる落語の名作100』（金原亭馬生 監修、日本文芸社）など。全日空機内チャンネル「全日空寄席」の構成も担当。

春風亭正太郎

古書店やアウトドア用品店、ギターショップなど、専門店がひしめき独特の街並みをつくる神保町周辺。そんな古書店の並ぶ一角に建つビル五階にあるのが、青木伸広さんが主宰する「らくごカフェ」だ。カウンターのあるカフェスペースの傍らに、緋毛せんを敷いた高座がついた、文字通りに「落語」＋「カフェ」で出来上がったこの空間は、演じ手・聴き手の両者にとって、ふらりと出掛けていける軽やかさを持った場所。自由に落語を語り合えるサロンのような役割も果たす。

――「らくごカフェ」のオープンは二〇〇八年の終わり、フリーランスのライターとしても活躍していた青木さんが三十代半ばのときですね。どんなきっかけがあったのでしょうか?

直接的な動機となったのは自分が大病をしたことですね。何カ月も入院して、「ああ人間は死ぬんだなあ」と実感せざるを得なかった。その同じ年に父も亡くしまして、これは自分も早く形に残せるようなことをしなきゃいけない、と。それならば小さい頃からずっと好きだった落語に関わることしかないと思いました。

――そもそもかなりの落語好きでいらしたんですね。落語との関わりの最初はいつですか。

一番の初めは、まだうんと小さい頃、子守唄がわりに落語のテープを聴いていたことですね。母が病弱だった双子の妹に掛かり切りだったので、僕の面倒は主に父が見てくれていて、落語を聴かせるとグズらずに眠ったようなんです。父はよく浅草演芸ホールにも連れて行ってくれました。とはいえ父が寄席にいるのは最初だけ。すっと近くの場外馬券売り場に消えて、トリの頃に帰ってくるんですけれど（笑）。そんな幼少期でしたから、江戸弁を話す変わった子どもだったようです。「まっつぐ行けよ」なんて。そんな具合に自然と落語に親しみ、國學院高等学校に入学してすぐに落語研究会に入りました。だから、さだまさしさんは先輩にあたります。僕が子どもの頃、七〇年代から八〇年代は落語が好きなのは「ダサい」ことで、今のようにおおっぴらに言えるような雰囲気じゃなかった。だから、部活で同じことが好きな仲間と知り合って存分に語り合えたのは本当にうれしかった。「らくごカフェ」もそういう場にしたいと考えたんです。

椅子席で五十人程度収容の小ぶりな空間。高座で話す噺家の息遣いやわずかな表情の違いまで分かり、まさに〝噺小屋〟といった風情だ。この空間を作るのに最適な街を探して都内の数カ所を検討した後に、自身が生まれ育った街でもある神田神保町を選んだ。「当時、神田と名の付く住所で落語が聴けるところが一カ所もなかったんですよ。神田といえば落語にどんどん出てくる場所なのに、悔しいじゃないですか」と青木さ

入船亭小辰

立川こはる

んは話す。学生街であり、かつ種々の専門店が集まる街でもある神保町は、どこかに知的好奇心を秘めた街。現在では落語会の数は年に四百を超えるまでになり、その存在は十分に定着してきたといえる。

――落語会のスケジューリングはどのように行っているのですか？

年約四百公演のうち、毎週火曜日の「らくごカフェに火曜会」と「講談カフェ昼席」の計六十回程度が基本的には僕らの自主興行で、残りはありがたいことに噺家さんご自身や後援会、アマチュアの方などが借りてくださっています。「火曜会」はカフェを始めるときにはまだ二ツ目だった柳家三之助《やなぎやさんのすけ》さんが、定例会を開催したいという相談に乗ってくださったことから始めたものです。三之助さんと僕とで、活きのいい二ツ目さんを選んでお声掛けしています。初期のメンバーが三之助、元の五街道弥助《ごかいどうやすけ》こと現・蜃気楼龍玉《しんきろうりゅうぎょく》、柳家小《こ》せん、三遊亭天《さんゆうていてん》どん、春風亭一之輔《しゅんぷうていいちのすけ》、古今亭志《ここんていし》ん陽《よう》、柳亭《りゅうてい》こみち、そして当時の古今亭菊六《ここんていきくろく》こと現・文菊《ぶんぎく》。真打昇進と共に卒業してメンバーが入れ替わり、現在は天どん、こみち、金原亭馬玉《きんげんていばぎょく》、春風亭正太郎《しょうたろう》、林家《はやしや》たけ平《へい》、柳亭市弥《いちや》、入船亭小辰《いりふねていこたつ》、春風亭一蔵《いちぞう》の八名がレギュラーで、週替わりで二名が出演しています。

――二ツ目さんの会には特に積極的に力を注いでいるんですね。

高校の落研のときに、何校かの連合で噺家さんをお呼びして、僕らの落語を披露する機会があったんです。

そこでまだ二ツ目だった立川志《たてかわし》の輔《すけ》師匠にお会いして、それから随分とかわいがっていただきました。芸の凄まじさはもちろん、芸に命懸けで邁《まい》進する姿を間近で見て、いつも圧倒されたものです。そのつながりで、少しあとに〝またすごい若手が出てきた！〟と思ったのが立川談春《だんしゅん》師匠。あの方たちを必死で観ていた頃の楽しさみたいなものが、今も心に強く残っているんですよね。若手は失敗もするし、とんでもないホームランを飛ばすこともある。常にヒットやホームランを飛ばせるベテランの芸が素晴らしいエンタテインメントだとしたら、若手の芸はドキュメンタリー。そこに立ち会うことの楽しさがあります。ここから、メジャーリーグで活躍してくれるような人が育っていってくれたらなと思うんです。

「火曜会」に出演のレギュラー陣は、いずれも将来を目される期待の若手ばかり。「先見の明がある、なんて言われることもあるけれど、全然そんなことを考えている訳じゃないんです」と青木さん。だが、まだ寄席などでは浅い順番でしか高座の機会がない二ツ目の噺家にとっては、この会のような場が貴重な研さんの場となっているはずだ。またここを場所借りして会を開く噺家にとっても、会のために高座を作るのではなく、あくまで常に高座があり、予約の電話をさばくスタッフも常時いる「らくごカフェ」は、得難い場所となっている。着物一枚を携えてぶらりと出掛けていけば落語ができる、そんな場所だからこそ、これまでには驚くようなベテランもここの高座に上がってきた。

——二ツ目さん以外にも、これまでには実に多くの噺家さんが登場していますね。

笑福亭鶴瓶《しょうふくていつるべ》師匠や春風亭昇太《しょうた》師匠、林家たい平《へい》師匠がゲストで出てくださったり、柳家喬太郎《きょうたろう》師匠と林家三平《さんぺい》師匠が二人会を開いて、普段はやらないネタをかけてくださったり。私自身驚くこともしばしばです。それから談春師匠は、オープン当初から「談春一門会」を開いてくださり、一年ほどの間、お弟子さんたちの後にご自分も一席やっていただきました。二千人以上のホールをいっぱいにする方が五十人のところでやってくださるのですから、ありがたい話です。らくごカフェをオープンさせるときに、「俺も一年くらいは出る。だからお前、二、三年のところは死ぬ気で我慢してくれ」って言ってくださって。「らくごカフェやってみたけどつぶれちゃいました」なんてことは、落語にとってひどい逆風になってしまう。だからやるなら腹括ってやれってことなんですよ。僕自身、石にかじりついてでもやってやろうって思っていましたけれど、そういう気持ちをいただけたのは本当にうれしかったです。

——特に心に残っている高座はありますか？

それぞれの会に思い出がありますからね……。初めて桂雀々《かつらじゃくじゃく》師匠に出演をお願いしたときのこと。枝雀《しじゃく》師匠ゆずりの爆笑落語が大好きで、無理を承知の依頼でしたが、ご依頼申し上げたら「あれ、君よく観にきてたお兄ちゃんやん！」って、覚えていただけていたんです。そんな経緯で出演をご快諾いただき、ウチで会を開けたのですが、あのときはすごかった。前のくすぐりで笑っているのが収まる前に次のくすぐりがかぶってきて、マシンガンみたいなんです。客席が波打っているのが分かりましたもん。本当にずっと笑い続けという状況で、一席終わる頃にはみんな酸欠。中入りで飲み物がよく売れました（笑）。小さい小屋ならではのライブ感、グルーブ感は、ハマったときにはすごいですよ。

小さい小屋には小さい小屋ならではの魅力がある。「らくごカフェ」は、噺家にとって、寄席やホール落語とはまた違う性格を持った会場として認知されているのだろう。それは聴き手にとっても同じで、寄席や大ホールに出掛けるのには二の足を踏む人でも、カフェのある小ぶりのこの空間ならば出掛けやすいのかもしれない。青木さんが当初企図したように、このカフェで顔を合わせる人同士の交流が生まれたり、思い掛けない使い方がなされることもしばしばあるという。

――プロの噺家ではない方が場所を借りられることもあるんですね。

アマチュアの落語家さんやその集まりで落語会を開く際には、入場料を無料にすること、カフェからの告知は行わないことをお願いしています。高校生のときから志の輔師匠をはじめとするプロの壮絶さを間近で見てきていますから、それとアマチュアとの線引きはきっちりしなきゃいけないと思うんです。ほかに変わったところでは、落語好きのお二人が結婚なさるというので、ここで結婚パーティーを開いた方がいらっしゃいました。そのときは関西の桂吉坊《きちぼう》さんをブッキングして一席やっていただいて。それから今カフェのスタッフになっている女の子は、大学生のときにゼミの追い出しコンパをここでやりたいというので、やっぱり相談にのって柳亭こみちさんに来ていただきました。そういうふうに、こちらで協力できることは協力したりもするんです。手を替え品を替え、何とか初めての人にも落語を聴かせてやろうとは思っていますね（笑）。

――"らくご"と"カフェ"という言葉の組み合わせが、実は絶妙なんでしょうね。落語に少しでも興味があれば、気軽に入っていいという感じがします。

「落語を初めて聴くんだけど、カフェなので入りやすかった」って聞くと、やっぱりとてもうれしいですね。北海道から沖縄まで、全国津々浦々から東京観光や出張のついでにここを目指して来てくださる方も増えて

柳亭左龍

玉川太福

きました。一方で「こういう場所がほしかった、作ってくれてありがとう」と熱心な落語ファンの方から言っていただけるのも励みになります。ここに来ればチラシもたくさん置いてあるし、高座もあるし、語り合える人もいる、さらにお酒も飲める、って（笑）。ここで知り合ってほかの落語会に一緒に出掛けたり、自分たちで落語会の主催者になったりという方もけっこう多くて、そういうふうにいい交流の場になっているなら、一番目指していたことかなあとも思います。

「落語にはいろんな入り方があっていい。それを提供する場を作りたいという、ぼんやりと理想としていた形に近づいてきました」と青木さん。今後の展望は、という問いには「やりたいと思っていたことはやれてしまっているのですけれど」と前置きしつつも「うちから歩ける距離に二ツ目のみが出演する小屋・神田連雀亭もできましたし、かつての大銀座落語祭のように派手にはいかないと思いますが、ゆくゆくは神田というくくりで何かできれば面白いですね」。神田が落語の街として知られるようになる日は、そう遠くなさそうだ。

『第八の焦点』

落語ムーブメントの伴走者

（聞き手・文／阿久根佐和子）

佐藤友美

さとう・ともみ／東京都生まれ。浅草国際劇場の隣で旅館を営んでいた祖母の影響で、幼少より古典芸能に親しむ。明治大学文学部仏文学専攻卒業後の1994年、『東京かわら版』でアルバイトを始め、2004年より同誌編集人に。2015年『東西寄席演芸家名鑑』（東京かわら版）発刊。

寄席や都内で行われる落語会の情報はもとより、噺家のテレビ・ラジオ出演やCD、書籍の発売まで、落語にまつわるあらゆる情報を網羅する演芸専門誌『東京かわら版』。ポケットサイズのこの雑誌が一冊あれば、聴きたいと思い立ったときにどこで何を演っているかがすぐに分かる、落語ファンには必携の月刊誌だ。現在、唯一の月刊の演芸専門誌として、演芸を取り巻く多くの人々が頼りにするこの雑誌は、一九七四年の創刊以来、一号も欠けることなく落語情報を発信し続けてきた。二〇一五年十一月号で五百号を迎えた同誌の三代目編集人が佐藤友美さんだ。

――どんな経緯で『東京かわら版』に携わるようになったのですか。

何の気なしにアルバイトで入ったのが始まりですね。大学のとき、出版社の就職試験が全滅で、卒業後もプラプラしていたところに、アルバイトを募集しているのを見つけまして。『東京かわら版』自体は定期購読していました。小さい頃から祖母に連れられて相撲や歌舞伎を観に行っていたのが、ふとしたきっかけで十九歳の頃から寄席に通うようになり、そこからハマっていきました。最初に訪れたのは新宿の末広亭。歌舞伎座のミニチュアのような建物に気軽に入れて、桟敷席も空いている！と(笑)。一人の人が、何の道具もなしに、

三遊亭兼好

入船亭扇辰

話すだけでものすごく広い世界を見せてくれることに魅了されたんです。私自身、手に入れた『東京かわら版』に蛍光マーカーで印を付けて落語会に行っていたクチです（笑）。編集人になったのが二〇〇四年の十一月。あれよあれよという間にここまで来たというのが正直な気持ちです。

――佐藤さんがそうであったとおっしゃるように、多くの落語ファンが毎月の落語会索引を重宝していると思います。編集作業は相当骨が折れそうですね。

主催者、会場、噺家さんご本人などから会の情報をいただき、まずはそれをひたすら入力して誌面にするという、とても地味な作業です。日時、料金、連絡先などに間違いがあってはならないので、編集部員三人、アルバイト、営業、広告……と全部で七人のスタッフ総出で校正し、さらに校閲をお願いしています。それとは別に、インターネットや、道を歩いていて町内会のポスターで落語会の情報を見つけると、そこへご連絡して情報をいただいたりもしますね。ここ数年は会の数もどんどん増えてきて、月に千件前後は情報があります。

月に千件、ここにさらに定席の寄席などが加わるから高座の数はさらに増える。東京では一日に三十前後、週末ともなれば四十から五十は落語を聴ける場がある計算だ。それを、寄せられる情報だけでなく、スタッフの足も使って落語会の情報を拾い上げ、さらに演芸にまつわる情報であれば欄外のコラムまで使って掲載するのである。ほとんど執念とも言っていいような熱量ある収集力だが、その裏には、読者の思いに応えたいという気持ちがあるのだと話す。

――噺家さんの雑誌掲載情報や、飛行機内の落語番組の演目など、演芸関連であればかなり細かなところまでカバーされていますよね。

機内の落語番組情報の掲載は、読者からのリクエストで始めたんです。北海道から毎月出張をなさる方で、その出張の飛行機を機内の落語の演目で決めたいから情報が欲しいと。読者は本当に落語に熱心な方が多いので、頭が下がります。小さな編集部ですから、いい提案をいただいたらすぐに取り入れていこうというのは、スタッフみんなで常に話しているんです。雑誌名に「東京」を謳ってはいますが、私たちの雑誌の発行部数の半分は販売、もう半分は定期購読で、読者は四十七都道府県にいます。だからそういう方に応えるためにも、落語・演芸周りの情報はこれ一冊ですべて足りるように網羅したいと思うんです。ですから、特定の情報に偏らないことが前提ですね。演芸がらみのたくさんのことがあちこちで起きている、私たちはあくまでそれを提示する役割。そこから選ぶのも、それが面白いか面白くないかを決めていくのも読者一人ひとりであってほしい。そういう意味ではフラットな立ち位置にいます。

――各界の著名人が落語との関わりを語る「巻頭エセー　落語と私 私と落語」など、『東京かわら版』の魅力は情報欄だけには留まりません。誌面を作っていくときにどんなことを意識していますか？

元々、私自身が定期購読者で、「今号は誰が表紙だろう…」とワクワクしながら封を開けて、好きな噺家さんが出ていたりすると、とてもうれしかったのを覚えているんです。だから読者を驚かせたり、喜ばせたりしたいなという思いはありますね。毎年十二月号の、人気の噺家さんにサンタクロースの衣装を着ていただく恒例企画も、二〇一五年で七回目。そもそもはそんな思いから始まっています。サンタのコスプレなんてお願いしたら怒られるかと思いきや、皆さん意外と快く（？）お引き受けいただけていますね（笑）。それから「巻頭エセー」の人選も、落語がお好きだと小耳に挟んだり読んだりしてはご依頼してきました。アーティストの大竹伸朗さんや杉本博司さん、歌手の氷川きよしさんや芦田愛菜さん、秋元康さん、脳科学者の養老孟司さん、俳優の松山ケンイチさん……とさまざまなジャンルの方々がご登場くださっています。「この人も落語が好きなんだ！」と意外性を喜んでもらえたらうれしいですね。

――毎号の巻頭インタビューはかなり長文でたっぷりとした読み応えがありますね。

今は記者会見に行って帰ってきたら、もうインターネットでニュースが配信されているというようなスピードの速い時代。片や私たちは月刊誌ですから、同じニュースを伝えられるのはタイミングが悪ければ一カ月後です。それならば、マスコミやネットでこぼれてしまうようなところまでほぼ全文で掲載したり、それぞれの方らしい語尾や口調の細部まで再現していこうと思うんです。好きでその噺家さんの高座を聴いている方には、その師匠ならではの話し方だなというようなことが、リアルに伝わりますから。「最近落語を聴きに行けていないからもう『東京かわら版』は買わない」ではなくて、「聴きに行けてはいないけれど『東京かわら版』を読んでいれば大丈夫」と思えるような存在でありたい。演芸情報を余すところなく伝えたいのはそういう気持ちからです。

創刊の一九七四年から数えると、実に四十年以上にわたって発刊を続ける『東京かわら版』。佐藤さんは「地道に同じことをやっているだけです。発行部数が極端に減ることもないかわりに、一九九〇年代の落語ブームのときも微増程度でした」と笑うが、その実かなりの変遷があり、例えば判型も、創刊号から十号までは、紙二枚を重ねて折った、チラシに近いような八ページの構成だ。内容も創刊当初は映画情報あり、スポーツ情報ありで、落語情報は、数えられるほどの公演が最後に簡単なカレンダーと一緒に掲載されているのみ。公演数が今とは段違いなのだ。変わらず同じ情報を発信しているようでいて、時代に合わせて少しずつ変わり続けてきたからこそ、息の長い雑誌となり得たのだろう。

——現在、定期的に刊行している演芸専門誌は『東京かわら版』のみですね。

気が付けばそうなってしまいましたね。そんな重責はできれば負いたくないというのが正直なところですけど……(笑)。冗談ではなく、本当は何誌かあって競い合っているような状態の方が健全だなとは思います。でも、やれること、やりたいことはやっておかないといけないないなという気持ちも同時にありますね。実は、休刊してしまった『落語ファン倶楽部』を手掛けていた編集者が、うちの会社に入ったんです。そういう経緯もあって、二〇一四年から、その者の担当で新書の刊行を始めました。小誌の連載をまとめた長井好弘『僕らは寄席で「お言葉」を見つけた』と、趣味人で知られる柳家小満ん《やなぎやこまん》師匠の食にまつわるエッセイ集『小満んのご馳走』が初回の刊行。これからも不定期ですが、年に数冊、出していければと思っています。

——編集部として今後手掛けてみたいことはあるのでしょうか？

デジタル化の話は、度々ご要望やシステムのご提案もいただくのですが、今一歩踏み出せていません。スマートフォンで情報が検索できて、クリックすればチケットが買えて……というシステムは、特に若い方には便利だろうとは思うものの、かなり大掛かりなものになりますから、私たちだけではまだそこまでの体力がない。反面、雑誌の字が小さいから大きな文字にしたバージョンを作ってほしいという依頼もあって、少部数でも作ったらニーズがあるのかしら……と、これも迷います。落語という素晴らしい演芸をより多くの人に知ってもらいたい。それが、読者が増えることにもつながっていきますから。そのために日々さまざまに悩んだり、考えたりしています。

「素晴らしい演芸」との本人の言葉が物語る通りで、佐藤さんを始めとする『東京かわら版』のスタッフを支えているのは、何よりも落語への深い愛情なのだ。だからこそ、細やかな気配りの行き届いた雑誌を、毎号仕上げることができる。これだけ落語に付き合ってもなお愛情が尽きることはなく、今も時間を見つけては高座に出掛けていると話す。

――高座はどんなペースでご覧になっているのですか？

取材予定のある噺家さんを集中的に聴くのを別にすると、やはり時間が空いたときにという感じですね。毎号の校了作業が終わると、いそいそと出掛けています（笑）。『東京かわら版』をご覧になると分かると思うのですが、今は落語会が多様化しています。早朝の会もあれば深夜の会もあるし、お客さんの層も、昔と変わらず年配の方が多い会があるかと思えば、若いお客さんしかいない会もある。さらにCDやDVDもあります。それぞれのライフスタイルに合わせた聴き方ができるので、「忙しいから落語が聴けない」なんて言い訳はもう通用しませんよね（笑）。

――お話を伺って、落語への思いが毎号に結実していることがよく分かりました。これから『東京かわら版』はどこへ向かっていきますか？

「映画を一本観に行ってつまらなくても、誰も映画全体がつまらないとは思わない。落語もそれと一緒で、一回聴いてつまらなくても、それはその噺家と聴き手が合わないだけで、落語自体がつまらない訳じゃない」と、春風亭昇太《しゅんぷうていしょうた》師匠がおっしゃるんです。私もまさにその通りだと思っています。二〇一五年に刊行した『東西寄席演芸家名鑑』に掲載した演芸家は千六十人。千六十人いれば千六十通りの落語があるのですから、ど

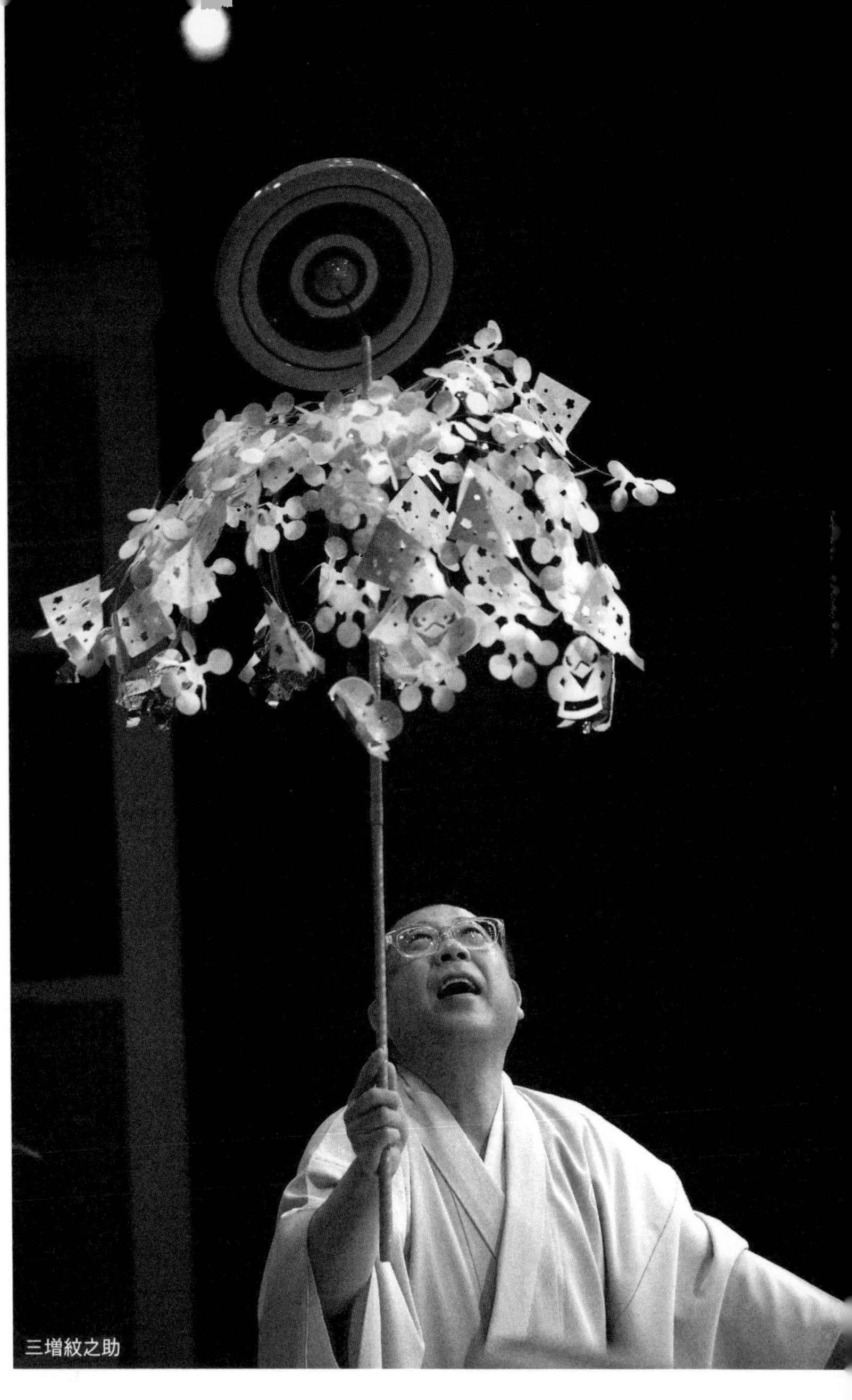

三増紋之助

んな方にもその人に合った落語というものが必ずある、そう思います。女性のお客さんが増えてきたのと比例して、女性の噺家さんも増えています。雑誌としては、あの手この手で落語や演芸周りの情報を伝えていくことで、それぞれの方が、それぞれに合った落語と出合える架け橋になれたらいいですね。

「うちの雑誌が続けてこられたのは、素敵な演者さんが素敵な高座を観せ続けてきてくれたから」と終始謙遜気味に佐藤さんは話すが、その逆もまた真なり。愛情深く情報を伝えるメディアあってこそ、より多くの聴き手が育ち、落語会へと足を運ぶ人々が増えていくのだ。本人がそう望もうと望むまいと、落語界を支える、欠くことのできない車輪の一つなのである。『東京かわら版五百号記念特大号』に掲載されたお祝いメッセージ集「私と『東京かわら版』」を読めばそれは分かる。噺家、演芸家、各界のファンや読者……。多くの人々の、この雑誌への思い入れや感謝の気持ちが綴られているのだ。その雑誌を率いる人として、佐藤さんはこれからも、落語を愛するすべての人々に寄り添い続けていくことだろう。

『第九の焦点』

落語作家が考える落語の未来

（聞き手・文／松尾美矢子）

小佐田定雄

おさだ・さだお／1952年、大阪府生まれ。落語作家。1977年、桂枝雀に新作落語『幽霊の辻』を書いて以降、落語作家の道を歩み出す。新作落語の執筆をはじめ、滅んでいた落語の復活、東京落語の上方流への仕立て直し、狂言や文楽とのコラボ作品も手掛ける。これまで書いた新作落語は250本以上で、落語に関する著書も多数。

桂雀々

ここ十年で、上方落語界を取り巻く状況は一変した。"落語ブーム"という捉え方の良し悪しは別として、沸き起こった大きなうねりは、多くの落語ビギナーを取り込んできた。そのシンボルマーク的存在が、落語の定席「天満天神繁昌亭《てんまてんじんはんじょうてい》」である。繁昌亭は二〇〇六年に市民の浄財で開場。二〇一五年九月には、来場者が一二七万人を突破した。一方、ホール落語は各地で盛んに開かれ、それまでの落語界を下支えしてきた近畿一円の地域寄席も増え続け、活況を呈する。ハード面の充実と呼応するように、落語家の数は空前の二五〇人超。だが、二〇一五年三月には桂米朝《かつらべいちょう》という至宝を失い、桂春団治《はるだんじ》も体調に考慮して今は高座に上がる機会はない。全国区がゴールだとは言わないが、東京に比べビッグネームが数少ないのが現状だ。マグマはふつふつと沸いているのか？　上方落語界は、次なるスターを待ち望んでいる。

――天満天神繁昌亭がオープンして九年余り。現在の上方落語界の状況をどう思われますか？

繁昌亭ができたのは大きいですね。特に若手は早く腕が上がりますよ。それが一番ええこと。ただ、今まだ寄席と言うていいのかどうか。東京の寄席はウケさす人と、お客さんに「休んでください」という役割分担があるんです。大阪は全員が一生懸命。客はトリの師匠がやるころはくたくたになっているという（笑）。

これは寄席の流れとしてはおかしくて、今やっとルールができつつある。それと、寄席というのは最終目的地やなしに修業の場みたいなところ。ここから次はどこで何をするねんという。安住してたらアカンのです。

――繁昌亭はスタートラインということですね。では、どんな落語家の出現を願っておられますか？

「やっぱり落語は面白い」とアピールできる人。私は、落語に入ってきてもらう入口で「こっち来てください」と案内するために台本を書いてる訳で、落語家もそういうような人をまず作らなアカンのです。桂枝雀《しじゃく》師匠が言うてはったんやけど、「大きな商店街がある。表通りで繁盛している店は、漫才やコント、新喜劇の人とか今人気のある芸能です。で、細い路地があって奥に大きな蔵がある。そこで店を開いてるのが落語や文楽という古典芸能で、『ここまで来てくれたら、ええもんあんのに』とぼやいてる。私とか（笑福亭《しょうふくてい》）鶴瓶《つるべ》君が商店街の表通りまで出ていって、『この奥にええもんおまっせ』と旗振らなアカンのです」と。桂文枝《ぶんし》師匠の創作落語も、〝番頭はん〟とかいうより現代の話をする方がお客さんも入りやすいですわな。奥の蔵へ案内するための仕事を我々がせなアカンし、それをやることによって落語全体に存在価値が出てきます。

――アピールできる人…今の上方落語界で具体的に名前を挙げていただくとすれば…。

桂文枝、桂ざこば、桂文珍《ぶんちん》、桂南光《なんこう》、笑福亭鶴瓶あたりの師匠連は、常に独演会を開いて即完して満員にしてる。次の世代は、ちょっと飛んで〝ラクゴリラ〟の連中。さらに、その三年下の桂吉弥《きちや》さん。彼は桂米朝師匠譲りのネタを師匠の桂吉朝《きっちょう》さんから受け継いでやってるし、新作も毎年書いてますしね。あとは吉弥さんと同じ入門年の、桂かい枝《し》、桂春蝶《しゅんちょう》、林家菊丸《はやしやきくまる》といった人たちがひと塊になると思うんです。

桂文枝は自作落語三百席を目指す創作落語のパイオニア。多くの作品を東西の落語家たちが受け継いでいる。近年人情がかった噺に味を出すのが桂ざこば。昔は攻める一方だったが、小佐田氏曰く「今は黙って知らん顔しててボソッと言うのがウケる」。未だ進化し続ける驚異の六十八歳だ。桂文珍は〝生涯全国ツアー〟を宣言。半歩先を行くクールな視点で、現代を巧みに落語に取り込んでいく。桂南光は立川談志《たてかわだんし》の勧めから小佐田氏とタッグを組み、東京落語の上方流仕立て直しにも力を入れる。今は上方の匂いをまとった新たな作品が誕生。〝ラクゴリラ〟は一九九一年入門の笑福亭生喬《せいきょう》、桂南天《なんてん》、桂文三《ぶんざ》、林家花丸《はなまる》による落語ユニットだ。

――中でも、鶴瓶さんは本格的に落語に取り組んだのが五十歳。前出の皆さんよりは格段に遅いですが、マスコミでの活躍も含め、新たな落語家像のように思えます。

魅力は、自分と落語の壁のなさですね。そして、あの人の場合はいくつか色を出すんですよ。独演会でも、一席目は自分の体験を元にした「私落語」でフレンドリーな鶴瓶ちゃん、次は古典を普通にやる落語の好きな鶴瓶師匠、そして、客席を真っ暗にして人情噺を演劇的に魅せるメチャクチャかっこいい鶴瓶さん。桂米朝師匠も独演会で三席やってはったけど、このやり方は新しいやり方。これができるようになって、鶴瓶さんは変わったんじゃないですかね。それこそ、ざこば、文珍、南光、鶴瓶の四人は六十代の四天王やと思いますね。

——逆に、今では東京の落語家を大阪で観る機会も増え、東西落語界の垣根が随分低くなった気がします。

昔は八代目桂文楽《ぶんらく》、古今亭志ん生《ここんていしんしょう》、三遊亭圓生《さんゆうていえんしょう》からつながる美学があった。「噺は素噺（囃子鳴り物を使わない落語）です」と。それがちょっと薄れてきたんですね。今は東西の違いが段々なくなってきてるんですよ。以前なら大阪の方が声が大きくて、衣装の色合いも派手というのがあったけど、最近は東京の人も声がデカくて衣装もメチャクチャ派手ですからね（笑）。

——そうなると、今や上方落語と東京落語の違いは何でしょうか？

まず上方落語は、お囃子が入る。しかも添えものやなしに噺と一体になっている。ネタによっては「ここでこれ入れましょか」とか、お囃子さんから提案してきたりするんです。落語家と一緒に作るって感じで。それと、「受け囃子」というサゲを受けて演奏する囃子は大阪にしかないんですよ。コントでいう〝チャンチャン〟と

春野恵子

桂吉弥

いうジングルを囃子で入れるんです。この風習を東京が取り入れたら、ほぼ一緒になりますわ。

上方落語ならではの演出法が、噺の合間に導入される”ハメモノ“。三味線や鳴り物を使い、自然現象はもちろんのこと、夜の静けさや冬の寒さ、お茶屋の賑わい、登場人物の心情まで自在に表現していく。しかし、これには演者とお囃子さんとが呼吸を合わせることが必須で、特に三味線奏者は弾く曲目だけなく、各々の落語家の息やクセまで頭に入れておかないといけない。一時は三味線方の減少が危ぶまれたが、自身も三味線の名手である当代林家染丸《そめまる》の尽力などもあり、現在は約二十人の三味線方が盛り上げている。

――では、東京落語にはない上方落語の魅力とは？

一番大きいのは大阪弁。余計なことを言うのに便利な言葉なんです。ものすごく豊かなフレーズを使っている。江戸っ子弁にも洒落たフレーズはあるけど、こっちは笑わすためやったらどんなこともするという。けど、今は東京の人もかなり笑いの要素を入れてきますからね。まさにバリアフリー。それは、ええことであり、寂しいことであり。まさに新幹線の駅と一緒で、どこの駅でも同じ景色になってしもたからね。今は駅名の看板を見ないとどこか分かれへん。どうやら、それが文化の方にまできてるんちゃうかな。

――そんな大阪弁を自在に操り、これまで数々の新作を生み出してこられました。落語を書く際に心掛けておられること、これから書きたい世界をお話しいただけますか。

まずウケること。ただ新作は現世との入口になるために書いてる訳やから、時代が明治でも現代でもお客さんが入りやすいものを作らなアカン。感心してもらってもいいし、共感してもらったらいい。笑いも共感の一つですしね。今後書きたいというのは…一瞬「おっ」と思わせる噺です。昔作った『貧乏神』でも、一瞬だけ「それ、ええな」とホロっとするところがあって。枝雀師匠は「情は薄いほど上等や」っていう言い方をしはる。大上段に「さあ、これから泣かしますよ」やなしに、不意打ちで泣かすようなね。

日本広しと言えど、「落語作家」なる仕事を専業としているのは小佐田氏と、夫人のくまざわあかね氏の二人のみ。小佐田氏は桂枝雀をはじめ、桂雀三郎《じゃくさぶろう》、桂文之助《ぶんのすけ》、桂九雀《くじゃく》、笑福亭三喬《さんきょう》といった落語家に二五〇作以上の新作落語を提供する一方で、滅びた古典落語の復活や、東京落語の上方化なども精力的に手掛ける。また、古典芸能全般に造詣が深いとあって、落語と狂言を融合させた「落言」、落語と文楽がコラボする「落楽」など、異ジャンルとのコラボレーション作品も執筆。さらに、本家の文楽や狂言、米朝一門による芝居などの脚本

桂春蝶

立川吉笑

も担当する。そこには新たな発見があり、新作落語作りに還元しているという。

——現状についていろいろ語っていただきましたが、さて、これからの落語界はどうなると思われますか？

いろんな形の落語家が増えてくるやろうな。月亭方正《つきていほうせい》さんや桂三度《さんど》さんみたいに、違うジャンルから落語界に入って来たりね。また、立川志《し》の輔《すけ》さんのパルコ公演なんかに行ったら、落語会で見かけない演劇の客が来てるんです。いわば落語の演出を使った志の輔さんの〝一人芝居〟を見に来てるという感じ。たぶん、彼らはほかの落語会や寄席には行ったりしないと思います。それでも、どっかで落語が認知されたらいい訳ですよ。一番いいのはバリアフリーになって、松尾貴史さんなんかがやってくれることによって落語が広がっていくこと。そのためにも、まず落語家自身が変わっていかないと。もちろん落語をやることがメインやけども、芝居や映画に出たりするのもいいし、ニュースキャスターやってもええし。世間にどうアピールして、いかに現代とつながりを持つか。つながりを持てへんのやったら、謎の人になってほしい。「いつも着物を着てフラフラ歩いてはるけど、あの人、どうやって生きてはんねやろう？」という（笑）。それだけでも不思議ですやん。先を走るか、世間と切り離すかなんです。時代に少し遅れて走ってるのが一番カッコ悪いんです。

——最後に、落語作家として上方落語のこの部分だけは残しておきたいというものは何でしょうか？

〝丸さ〟みたいなもんかな。人当たりがええなぁという。けど、ちょっと根性悪で（笑）。その大阪的な発想法というか、人情だけは残したいですね。大阪は経済の街やから、見栄よりも実をとらなアカン。だから、ものすごく親しくなるのがうまい。今は薄れてきたけど、東京では与太郎を出してみんなで笑いましょうよと。大阪は「あんたアホでっしゃろ、私もアホでんねん」と一緒に笑いますねん。けったいな街です（笑）。でも、これはすごくシャレてて、エスプリだけやなしにユーモアがある。わざとしょーもないこと言うて「突っ込まんかい！」ちゅうのがよくあります。こんなアホなこと、大阪人しか言いまへんからな（笑）。

「落語に入ってきてもらう入口のために書いている」――取材中に小佐田氏が何度も口にした言葉。すべては落語という芸能を知ってもらうために、という〝熱情〟があるからこその落語作家だと思い知らされた。ふと、ふた昔前、落語ができる場所を必死で探していた落語家たちを思い出す。彼らは熱く、しかし明らかに危機感を感じていた。そして繁昌亭が誕生。あのときの危機感は薄れてはいないだろうか。これから、上方の落語家たちがどんな自己表現を見せてくれるのか。今こそ、落語家たちの〝熱情〟が試されるときが来た。

第十の焦点

演芸の焦点

（聞き手・文／入江弘子）

橘 蓮二

たちばな・れんじ／1961年生まれ。1986年より写真家。人物、落語演芸写真を中心に雑誌などで活動中。著書に『落語十一夜』『いつも心に立川談志』（講談社）、『カメラを持った前座さん』（筑摩書房）、『橘蓮二写真集・噺家（全5巻）』『この芸人に会いたい』（河出書房新社）ほか多数。

昔昔亭A太郎

ライブの舞台を中心に、テレビでは見られない、味わえない芸人たちが笑いというひとときの幸福を提供するために、しのぎを削り、人生を賭けて挑む。芸人さんたちがまとっている笑いや感動のベールを取り除くことは、客席で観ている私たちにはできない。舞台をひたすら楽しむだけだ。そんな私たちに舞台に上がる寸前の緊張感、終わったあとの達成感などの側面や、ライブ中に一瞬見せる核の部分を的確にレンズで捉えて、見せてくれたのが橘さんだ。これまで写真家として、芸人さんの魅力と取り巻く世界を写真で紹介してきた橘さんが、新たな活動ともいうべき北沢タウンホールでの落語会「写真家・橘蓮二セレクション 焦点」を隔月でスタートさせた。

——「焦点」は橘さんとしては一歩踏み出した感じですか。

若い有望な芸人さんが今たくさんいますので、写真以外でもいろんなところで「この人いいよ」って勧めたいって思っていたところに、野際さんから「顔付けして演出する会をやってみない？」って話をいただきました。ちょうど僕も演芸写真家になって二十年目で、何かやりたいなって思っていたところだったので、「ぜひ！」ということで携わることになりました。

――先日（二〇一五年十一月二十六日）の第二回は春風亭一之輔《しゅんぷうていいちのすけ》師匠、浪曲の玉川奈々福《たまがわななふく》さん、立川吉笑《たてかわきっしょう》さんという、普段ではあまりない顔合わせでした。

一之輔師匠の『らくだ』はもう圧巻でしたね。（浪曲の玉川）奈々福さんが素晴らしかったので、一之輔師匠もトップクラスですから、やっぱり負けられないですよ、本気モードでした。まくらを振らずにいきなり噺に入って、五十五分。この会では、こういう戦っている舞台を観たいんですよね。だから、持ち時間やネタはこちらから指定しないいんですよ。ただ、唯一言っているのは、自分を表現するためにネタ選びも時間も存分にやってくれ、と。そのかわり腰が引けたようなことだけはしないでほしいってことですよね（笑）。

――それは演者さんにはプレッシャーですね。

奈々福さんも「そんな煽《あお》んないでくだいよ」って冗談で言ってましたけど。高座に上がったら芸人さん次第ですから。（奈々福さんの曲師の）沢村豊子《さわむらとよこ》師匠すごかったでしょ？　豊子師匠は超絶ですね。七十代半ばですけど、鳥肌が立ちました。浪曲はセッションだから、豊子師匠はずっと奈々福さんを見ているんですよ。どこで合いの手を入れるのか、どこで三味線を入れるのか、曲師が煽って引っ張るんです。

――お客さんの集中力がものすごく高くて、聴き入っていましたね。

いいお客さんで聴きどころをちゃんと分かった上で、楽しんでくれて。演者さんとお客さんが空気を作るものですね。こういう会をやって思うのは、落語の中でも古典だ新作だって言われていたのが垣根がなくなってきたように、浪曲であっても講談であっても面白ければいいじゃない、エンタテインメントは楽しい方がいいっていうお客さんが増えてきて、そこに広がりを感じますよね。

たとえば誰か一人を好きになってその人の会に行ったときに、そこにゲストに出てた人を「あ、この人もいいな」ってそこで広がっていく。「焦点」もそういう会であってほしいです。お目当ての人を観に行ったら、それ以外の人も好きになったのでその人も追いかけて、どんどんそこから好きな芸人が増えていったらうれしいですね。実際に、一回目の（柳家《やなぎや》）三三《さんざ》師匠のときも、アンケートで「三三師匠を目当てで来たのに、初めて講談を観て、（神田《かんだ》）松之丞《まつのじょう》ってすごい」と書いてあって。やって良かったなと思いました。

「焦点」は、すべての高座が終わったあと、最後に出演者たちのスライド写真と音楽が流れる。ライブの興奮を少しずつ鎮めながら、深い余韻を残すエンディングの演出は橘さんならではだ。

橘さんの演芸写真家としての原点は、鈴本演芸場。落語や演芸好きで、鈴本演芸場に趣味で通っていた橘さんが、カメラマンとして行く末に迷い、一区切りつけようと決心し、最後に好きな世界の撮影をしたいと鈴本を訪れたのが二十年前のこと。鈴本で前座さんたちと一緒になって過ごし、楽屋を中心とした寄席風景を撮影した日々が、結果的に演芸写真家としての立脚点となった。

――鈴本の楽屋にはどれくらい通っていたんですか。

一年くらいです。最初は、廊下にずっと座って楽屋入りした師匠方に挨拶だけしていました。今でも覚えてますけど、行った初日に五代目の（柳家）小《こ》さん師匠がいたんですよ。もう胃が痛くなるほど緊張しました（笑）。最初は撮るきっかけがなかなかなくて。芸人さんによっては撮られるのがわずらわしく、集中したい人もいるので、そこでシャッターをパシャパシャって押せないですから。今となってはですけど、演芸写真家にとって一番大事なのは、そのへんの雰囲気を読むことなので、それを学びました。技術はあって当たり前ですけど技術以上に、今は撮っても大丈夫なのかとか、ここはやめておいた方がいいのかとか、常に判断が必要になりますからね。

――鈴本の席亭が橘さんは「空気のようだ」と言っていました。

ほんとに一番いい状況って、存在を消して「あ、いたんだ」って言われることですね。（春風亭）昇太《しょうた》師匠

隅田川馬石

寒空はだか

には「戦国時代だったらいい忍者になれたよ」と言われます。どこにいるんだかいないんだか、どっから狙っているんだか分からないって。それも昇太師匠なりの褒め言葉だと思いました。

——いきなり裏側から入ったということで、ほかの写真家さんとは視点が違うのかなと思うのですが。

高座を撮り始めて、動きが激しくないので話芸を写真にするのはとても難しいなと思っていました。それに、客席から演者さんの所作だけを撮っているのであれば、映像の方が伝わるじゃないですか。結局は、必ずしも所作を撮るだけではないんだと、そこに行き着きますよね。

——高座に向かう足元や、噺の途中で脱いだ羽織、膝に置いた手元、高座を降りて歩く後ろ姿など、表情以上に印象に残る写真があります。

（立川）談志《だんし》師匠が高座に上がるときに両手をすり合わせたり、最近の志《し》の輔《すけ》師匠は扇子をくるくる回しながら上がったり、（柳家）小三治《こさんじ》師匠なら手先だけでも分かる、そういうところにその人の雰囲気が出たりすると思います。写真は写っていないところが大事だと思っているんです。分かりやすく説明的になるほど、伝わらないなと。一番うれしいのは、自分の写真が演芸や落語に興味を持ってもらうきっかけになることです。「橘さんの写真を見てちょっと面白そうで落語を観に行きました」と言われるのが何よりですね。

正面からではない、袖から撮影されている高座の写真には、噺家と写真家との間に何も隔てるものがなく、ピンと張り詰めた空気がある。凛とした噺家の姿に新鮮な感動を覚える。橘さんの作品には、一人の噺家の生き様にまで迫るような鋭さがある。

――噺家さんも橘さんも一人でやっている世界で、互いにリンクするところはありますか。

自分でどこをどう解釈してどう見せてどう表現するのか、同じ噺であってもそれぞれ芸人さんのやり方が違うのと同じで、そこは写真と共通しているかな。芸人さんというのは芸を見せてお客さんを楽しませる、プラスその人の表現力が問われるので、アーティストであり、職人でもあるなと思っています。

よく言うんですけど、愛情があれば同じだけ尊敬もあるはずだ、と。芸人さんのところに行くのは、恋人に会いに行くのと同じだと思っていますから。落語は不思議な芸能で、もう噺は知っているじゃないですか。同じ噺を何回も聴きたくなるのは、たぶん好きな人に会いに行っている心理と同じなんですよ。

――「焦点」第三回は、（笑福亭《しょうふくてい》）鶴瓶《つるべ》師匠です。大御所ですね。

（二〇一六年）一月なんで、お正月だから華やかにしたいのと、この会は上方の師匠たちにも出ていただきたいんですよ。で、鶴瓶師匠は恐らく日本で一番忙しい師匠だと思うんですけど、ダメもとで直接電話して、

「こういう会を始めたんですけど」って言ったら、その場で即決して出てくれることになりました。すごくありがたいです。だからこちらとしても鶴瓶師匠に「出て良かった」って思ってもらえるような会にしないと。ハンパなことしたら「お前呼び付けておいてこのザマか！」って僕がしくじりますので（笑）。

――今、落語家は層が厚く、若手も競い合っていますね。

人間国宝から有望な若手までこんないい時代ってないです。昔は落語っていってもテレビの『笑点』ぐらいしかなかったので、すごい狭い世界だったから、言っちゃえばこれじゃあ食えないなって、みんなほかのジャンルに才能が流れていったと思います。要は、こうなりたいっていう人があんまりいなかった。今は、過去最大で、東西合わせて八百人いますから、そうなると例えば、「もしかしたら俺、頑張れば志の輔師匠みたいな人になれるかもしれない」「一之輔師匠みたいになる」って、そういう憧れの人たちがいっぱい出てきたんで、若い人たちが集まってきた。当然、数が多くなれば才能ある人も出てくるから、さらにレベルが上がってきますよね。だから大変だとも思います。昔みたいに少しの才能で一人勝ちできる時代ではないので。むしろライバルは多い。十年前に落語ブームと言われたときも、誰か一人の天才が現れてひっくり返した訳ではなくて、談春さんであり昇太師匠であり、もちろん志の輔師匠もパルコ公演を連続でやり始めた頃で、いい人材が新しい才能がある人たちがかたまって落語界を押し上げたんですよね。で、その人たちが今看板師匠になり、その師匠たちを見てきた下の世代が盛り上がっている。そして、今、二ツ目が本当に充実していますからね。第三回に出てもらう昔々亭《せきせきてい》A太郎《えーたろう》さん、第四回の（春風亭）昇々《しょうしょう》さん、（春風亭）正太郎《しょうたろう》さん。あと「成金（落語芸術協会の若手ユニット）」メンバーの（瀧川《たきがわ》）鯉八《こいはち》さんと（柳亭《りゅうてい》）小痴楽《こちらく》さん。こんなに若手が豊かな時代はなかったので、楽しまないと損ですよ。

「観ていただきたい人が山ほどいる」と話す橘さんは、演芸写真家として感謝と愛を込めながら、落語を含めた演芸シーンを応援している。その熱意は、二十年前に鈴本演芸場の楽屋で当時の前座さんたちと一緒に修行した時間が原動力になっているのではないだろうか。

遠峰あこ

柳家さん喬

あとがき

「落語じゃないほかのジャンルの写真だったら良かったのにね」

二十一年前、撮りためた写真を出版社に持ち込んだときに初対面の編集者に薄笑いを浮かべられながら言われた忘れられない言葉だ。

落語に無理解な者に、自分にとって大切な、そして究極の芸能と信じていた落語を見下されたことが悔しかったのと同時に、その魅力を表現できていなかった己の作品の未熟さがとても情けなかった。

あれから時を経て、落語・演芸界を取り巻く環境は大きく様変わりした。

連日、全国各地で大小さまざまな会が催され、寄席もホールも常に安定した人気を誇っている。

出版界においても数多くの落語・演芸に関する書籍が出版され、大型書店の多くで、伝統芸能関連の棚では一番の広さを持つまでになった。

自分が落語・演芸を撮り始めた当時のことを思えば想像をはるかに超えた活況を呈していることは間違いないが、それでもまだまだ落語・演芸に触れたことがない人が多数であることもまた動かしがたい現実である。自分が知る多くの演芸関係者は皆、一人でも多くの方に興味を持って足を運んでもらおうと試行錯誤しながら日々闘い続けている。

演芸界は、関わったからといって巨額の利益をもたらすような巨大メディアもなければ既得権も存在しない。だから決して間口を狭めてはならない。自己主張するために、新たなファンや若き才能に対して己のポジションを声高に語ってみせることも、演者さんへの敬意を持たずに「あそこが良くない、ここが駄目」と得意気に指摘することも、結局は何も生み出しはしない。

落語・演芸への深い愛情があるならば、演者、裏方、ファン、各々立場は違えども、その魅力を少しでも未来の演芸ファンに伝えていくことが何より大事だと信じている。

今までもそうであったようにこの先も、そんな愛ある人たちに支えられて〝素晴らしき落語・演芸国〟は生き続けていけるのだ。

この本は一九九五年、初めて演芸の撮影をする機会を作っていただいた鈴本演芸場のお席亭・鈴木寧氏をはじめ、現在の演芸界をリードするキーパーソンの皆さんが見つめ語る〝落語心〟と橘撮影の写真で構成、多くのスタッフの尽力を得て出版する運びとなった。

各々の分野で演芸の伝統を受け継ぎ守りながら、新たな挑戦を続けるその想いを込めたこの本が、新たな演芸ファンが生まれる一つのキッカケになることを心から願うばかりである。

出版にあたり、ぴあ関西支社の清水智宏さんに感謝申し上げます。清水さんとは彼が新人編集者の頃からの付き合いで、自分の写真の良き理解者であり信頼する大切な編集者の一人です。今回も相当に厳しい状況の中、熱意と行動力でその豪腕を遺憾なく発揮し企画を通し出版に到りました。ありがとうございました。

そして文中、中入りといたしまして、尊敬するミュージシャンでありアーティストの、さだまさしさんに登場していただき、僭越《せん》ではありますが対談をさせていただきました。

さださんとは数年前から仕事をさせていただいておりますが、ジャンルは違えど表現者として計り知れないほどの多大な影響を受け続けている方で、今回も忙しい中、時間を作っていただき大変恐縮しつつもこの上ない幸せな時間を共有させていただきました。
最後になりましたがこの本に参加していただいた、鈴本演芸場のお席亭・鈴木寧氏、演芸研究家・落語作家の小佐田定雄氏、北沢タウンホールならびに成城ホール統括館長であり数々の落語会のプロデューサー・野際恒寿氏、お笑いプロデューサーで渦産業主宰・木村万里氏、落語評論家・『ＢＵＲＮ』編集長の広瀬和生氏、横浜にぎわい座チーフプロデューサー・『月刊浪曲』編集人の布目英一氏、『東京かわら版』編集人・佐藤友美氏、『らくごカフェ』代表・青木伸広氏、漫才師であり『渋谷らくご』キュレーターのサンキュータツオ氏、そしてこの本を手に取っていただいた読書の皆さまに心より御礼申し上げます。

東西を問わず才能溢れる多くの若手から看板師匠までが集った豊かな時代に立ち合える幸せを皆さんと共に感じながらこれからも、高座に〝焦点〟を合わせ続けてまいります。

平成二十八年一月吉日

橘　蓮二

らくごころ写真名鑑

春風亭昇太《しゅんぷうていしょうた》（P1）

一九五九年十二月九日生まれ。静岡県静岡市出身。一九八二年五月、春風亭柳昇に入門。一九八六年九月、二ツ目昇進。一九九二年五月、真打昇進。

柳家三三《やなぎやさんざ》（P2・3）

一九七四年七月四日生まれ。神奈川県小田原市出身。一九九三年三月、柳家小三治に入門。一九九六年五月、二ツ目昇進。二〇〇六年三月、真打昇進。

立川談春《たてかわだんしゅん》（P4・5）

一九六六年六月二十七日生まれ。東京都板橋区出身。一九八四年三月、立川談志に入門。一九八八年三月、二ツ目昇進。一九九七年九月、真打昇進。

笑福亭鶴瓶《しょうふくていつるべ》（P6・7）

一九五一年十二月二十三日生まれ。大阪府大阪市出身。一九七二年二月、笑福亭松鶴に入門。上方落語協会副会長。

立川志《し》の輔《すけ》（P8・9）

一九五四年二月十五日生まれ。富山県射水市出身。一九八三年一月、立川談志に入門。一九八四年十月、二ツ目昇進。一九九〇年五月、真打昇進。

柳家小三治《こさんじ》（P10・11）

一九三九年十二月十七日生まれ。東京都新宿区出身。一九六三年四月、二ツ目昇進。一九六九年九月、真打昇進。落語協会顧問。重要無形文化財保持者。

柳家喬太郎《きょうたろう》（P12）

一九六三年十一月三十日生まれ。東京都世田谷区出身。一九八九年十月、柳家さん喬に入門。一九九三年五月、二ツ目昇進。二〇〇〇年三月、真打昇進。

神田松之丞《かんだまつのじょう》（P13）

一九八三年六月四日生まれ。東京都豊島区出身。二〇〇七年十一月、神田松鯉に入門。二〇一二年六月、二ツ目昇進。

春風亭一之輔《いちのすけ》（P14）

一九七八年一月二八日生まれ。千葉県野田市出身。二〇〇一年五月、春風亭一朝に入門。二〇〇四年十一月二ツ目昇進。二〇一二年三月真打昇進。

立川こしら（P22）

一九七五年十一月十四日生まれ。千葉県東金市出身。一九九六年五月、立川志らくに入門。二〇〇二年五月、二ツ目昇進。二〇一二年十二月、真打昇進。

三遊亭白鳥《さんゆうていはくちょう》（P25）

一九六三年五月二十一日生まれ。新潟県上越市出身。一九八六年七月、三遊亭円丈に入門。一九九〇年九月、二ツ目昇進。二〇〇一年九月、真打昇進。

立川談笑《だんしょう》（P28・29）

一九六五年九月二十三日生まれ。東京都江東区出身。一九九三年二月、立川談志に入門。一九九六年七月、二ツ目昇進。二〇〇五年十月、真打昇進。

立川志の春《しのはる》（P34）

一九七六年八月十四日生まれ。大阪府豊中市出身。二〇〇二年十月、立川志の輔に入門。二〇一一年一月、二ツ目昇進。

立川談四楼《だんしろう》（P35）

一九五一年六月三十日生まれ。群馬県邑楽町出身。一九七〇年三月、立川談志に入門。一九七五年十一月、二ツ目昇進。一九八四年五月、真打昇進。

橘家文左衛門《たちばなやぶんざえもん》（P39）

一九六二年三月二十五日生まれ、東京都江戸川区出身。一九八六年十月、橘家文蔵に入門。一九九〇年九月、二ツ目昇進。二〇〇一年九月、真打昇進。

林家正楽《はやしやしょうらく》（P42）

一九四八年一月十七日生まれ。東京都目黒区出身。紙切り。一九六六年、二代目林家正楽に入門。二〇〇〇年九月、三代目正楽襲名。

鏡味仙三郎《かがみせんざぶろう》（P48）

一九四六年八月十二日生まれ、岩手県盛岡市出身。太神楽。一九五五年、鏡味小仙に入門。落語協会理事。太神楽曲芸協会会長。

春風亭百栄《ももえ》（P49）

一九六二年九月三日生まれ。静岡県静岡市出身。一九九五年二月、春風亭栄枝に入門。一九九九年五月、二ツ目昇進。二〇〇八年九月、真打昇進。

柳家権太楼《ごんたろう》（P53）

一九四七年一月二十四日生まれ。東京都北区出身。一九七〇年四月、柳家つばめに入門。一九七五年十一月、二ツ目昇進。一九八二年九月、真打昇進。

三遊亭粋歌《すいか》（P56）

一九七六年七月三十一日生まれ。東京都墨田区出身。二〇〇五年八月、三遊亭歌る多に入門。二〇〇九年六月、二ツ目昇進。

三遊亭萬橘《まんきつ》（P57）

一九七九年一月二十日生まれ。愛知県豊川市出身。二〇〇三年七月、三遊亭円橘に入門。二〇〇六年十月、二ツ目昇進。二〇一三年三月、真打昇進。

玉川奈々福《たまがわななふく》（P62）

七月十九日生まれ。神奈川県横浜市出身。浪曲師。一九九五年七月、曲師として玉川福太郎に入門。二〇〇一より、浪曲師としても活動。日本浪曲協会理事。

沢村豊子《さわむらとよこ》（P62）

一九三七年二月二十五日生まれ。福岡県出身。浪曲曲師。一九四八年、浪曲師・佃雪舟と出会い上京。名曲師、山本艶子から三味線を習う。

柳家わさび（P63）

一九八〇年八月二十四日生まれ。東京都中野区出身。二〇〇四年十一月、柳家さん生に入門。二〇〇八年三月、二ツ目昇進。

だるま食堂《しょくどう》（P67）
一九八七年に結成。森下由美、さとうかずこ、星野理恵からなる女性三人コントグループ。NHK新人演芸コンクールで優秀賞を受賞。舞台などで活躍中。

ダメじゃん小出《こいで》（P70）
一九八九年道化師養成学校を卒業後、ジャグラーとして国内外でストリートパフォーマンスを行う。二〇〇一年から東京を中心に時事ネタピン芸人として活動中。

古今亭《ここんてい》駒次《こまじ》（P71）
一九七八年十二月二十三日生まれ。東京都渋谷区出身。二〇〇三年三月、古今亭志ん駒に入門。二〇〇七年二月、二ツ目昇進。

林家二楽《にらく》（P76）
一九六七年八月二十三日生まれ。埼玉県春日部市出身。紙切り。一九八九年、林家正楽に入門。父は故・正楽、兄は桂小南治。

ぺぺ桜井《さくらい》（P77）
一九三五年十月十日生まれ。東京都新宿区出身。幼いころよりクラシックギターを習う。一九六〇年、ギター漫談に転向。寄席を中心に活動中。

立川生志《しょうし》（P81）
一九六三年十二月十六日生まれ。福岡県筑紫野市出身。一九八八年七月、立川談志に入門。一九九七年二月、二ツ目昇進。二〇〇八年四月、真打昇進。

立川志らく（P84）
一九六三年八月十六日生まれ。東京都世田谷区出身。一九八五年十月、立川談志に入門。一九八八年三月、二ツ目昇進。一九九五年十一月、真打昇進。

林家たい平《へい》（P85）
一九六四年十二月六日生まれ。埼玉県秩父市出身。一九八七年春、林家こん平に入門。一九九二年五月、二ツ目昇進。二〇〇〇年三月、真打昇進。

桂《かつら》宮治《みやじ》（P90）
一九七六年十月七日生まれ。東京都品川区出身。二〇〇八年二月、桂伸治に入門。二〇一二年三月、二ツ目昇進。

瀧川《たきがわ》鯉昇《りしょう》（P91）
一九五三年二月十一日生まれ。静岡県浜松市出身。一九七三年十月、春風亭小柳枝に入門。一九八〇年二月、二ツ目昇進。一九九〇年五月、真打昇進。

柳家喜多八《きたはち》（P93）
一九四九年十月十四生まれ。東京都練馬区出身。一九七七年二月、柳家小三治に入門。一九八一年五月、二ツ目昇進。一九九三年九月、真打昇進。

松元《まつもと》ヒロ（P94）
一九五二年十月十九日生まれ。鹿児島県出身。コント集団「ザ・ニュースペーパー」の結成に参加し、一九九八年独立しTVや舞台、パントマイム講師として活躍。

柳亭市馬《りゅうていいちば》（P104）

一九六一年十二月六日生まれ。大分県豊後大野市出身。一九八〇年三月、柳家小さんに入門。一九八四年五月、二ツ目昇進。一九九三年九月、真打昇進。

ロケット団《だん》（P105）

一九九八年結成。三浦昌朗、倉本剛による漫才コンビ。寄席を中心に活動。第一回漫才新人大賞大賞受賞、第六十一回文化庁芸術祭新人賞などの受賞歴をもつ。

立川笑二《しょうじ》（P106）

一九九〇年十一月二十六日生まれ。沖縄県読谷村出身。二〇一一年六月、立川談笑に入門。二〇一四年六月、二ツ目昇進。

三遊亭遊雀《ゆうじゃく》（P107）

一九六五年一月二十八日生まれ。千葉県船橋市出身。一九八八年二月、柳家権太楼に入門。一九九一年十月、二ツ目昇進。二〇〇一年九月、真打昇進。

古今亭菊之丞《ここんていきくのじょう》（P108）

一九七二年十月七日生まれ。東京都渋谷区出身。一九九一年五月、古今亭円菊に入門。一九九四年十一月、二ツ目昇進。二〇〇三年九月、真打昇進。

柳家ろべえ（P109）

一九七七年一月二十六日生まれ。広島県福山市出身。二〇〇二年十二月、柳家喜多八に入門。二〇〇六年五月、二ツ目昇進。

橘家圓太郎《えんたろう》（P110）

一九六二年九月二十八日生まれ。福岡県福岡市出身。一九八二年一月、春風亭小朝に入門。一九八七年五月、二ツ目昇進。一九九七年三月、真打昇進。

桃月庵白酒《とうげつあんはくしゅ》（P111）

一九六八年十二月二十六日生まれ。鹿児島県肝属郡出身。一九九二年四月、五街道雲助に入門。一九九五年五月、二ツ目昇進。二〇〇五年九月、真打昇進。

林家彦いち《ひこ》（P113）

一九六九年七月三日生まれ。鹿児島県日置郡出身。一九八九年九月、林家木久蔵に入門。一九九三年五月、二ツ目昇進。二〇〇二年三月、真打昇進。

春風亭昇々《しょうしょう》（P118）

一九八四年十一月二十六日生まれ。千葉県松戸市出身。二〇〇七年三月、春風亭昇太に入門。二〇一一年四月、二ツ目昇進。

瀧川鯉八《こいはち》（P119）

一九八一年三月二十七日生まれ。鹿児島県鹿屋市出身。二〇〇六年八月、瀧川鯉昇に入門。二〇一〇年八月、二ツ目昇進。

瀧川鯉斗《こいと》（P123）

一九八四年一月二十五日生まれ。愛知県名古屋市出身。二〇〇五年三月、瀧川鯉昇に入門。二〇〇九年四月、二ツ目昇進。

らくごころ写真名鑑

柳亭小痴楽《りゅうていこちらく》（P124）
一九八八年十二月十三日生まれ。東京都渋谷区出身。二〇〇五年十月、桂平治に入門。二〇〇九年十一月、二ツ目昇進。

春風亭正太郎《しょうたろう》（P127）
一九八一年八月二十三日生まれ。東京都目黒区出身。二〇〇六年四月、春風亭正朝に入門。二〇〇九年十一月、二ツ目昇進。

入船亭小辰《いりふねていこたつ》（P130）
一九八三年十一月二十四日生まれ。東京都豊島区出身。二〇〇八年二月、入船亭扇辰に入門。二〇一二年十一月、二ツ目昇進。

立川こはる（P131）
一九八二年十月七日生まれ。東京都港区出身。二〇〇六年三月、立川談春に入門。二〇一二年六月、二ツ目昇進。

柳亭左龍《さりゅう》（P137）
一九七〇年二月十五日生まれ。千葉県柏市出身。一九九三年三月、柳家さん喬に入門。一九九六年五月、二ツ目昇進。二〇〇六年三月、真打昇進。

玉川太福《だいふく》（P138）
一九七九年八月二日生まれ。新潟県新潟市出身。浪曲師。二〇〇七年三月、玉川福太郎に入門。日本浪曲協会理事。

三遊亭兼好《けんこう》（P142）
一九七〇年一月十一日生まれ。福島県会津若松市出身。一九九八年十月、三遊亭好楽に入門。二〇〇二年三月、二ツ目昇進。二〇〇八年九月、真打昇進。

入船亭扇辰《せんたつ》（P143）
一九六四年二月十三日生まれ。新潟県長岡市出身。一九八九年、入船亭扇橋に入門。一九九三年五月、二ツ目昇進。二〇〇二年三月、真打昇進。

三増紋之助《みますもんのすけ》（P151）
一九六三年一月二十二日生まれ。栃木県足利市出身。曲独楽師。一九八二年、フランス座に入座。一九八五年、三増紋也に入門。

宮田陽・昇《みやたよう・しょう》（P152）
一九九九年八月結成。齊藤敬（陽）、板垣達也（昇）からなる漫才コンビ。二〇〇一年五月、宮田章司に入門。第三回漫才新人大賞、大賞受賞。

桂雀々《かつらじゃくじゃく》（P155）
一九六〇年八月九日生まれ。大阪府大阪市出身。一九七七年六月、桂枝雀に入門。上方落語家。

春野恵子《はるのけいこ》（P160）
七月二十二日生まれ。東京都文京区出身。浪曲師。二〇〇三年七月、春野百合子に入門。浪曲親友協会理事。

桂吉弥《きちや》（P161）

一九七一年二月二十五日生まれ。大阪府茨木市出身。一九九四年十一月、桂吉朝に入門。上方落語家。

桂春蝶《しゅんちょう》（P164）

一九七五年一月一四日生まれ。大阪府吹田市出身。一九九四年四月、桂春団治に入門。上方落語家。

立川吉笑《きっしょう》（P165）

一九八四年六月二十七日生まれ。京都府京都市出身。二〇一〇年十一月、立川談笑に入門。二〇一二年四月、二ツ目昇進。

昔昔亭A太郎《せきせきていえーたろう》（P169）

一九七八年六月八日生まれ。京都府京都市出身。二〇〇六年二月、昔昔亭桃太郎に入門。二〇一〇年二月、二ツ目昇進。

隅田川馬石《すみだがわばせき》（P174）

一九六九年七月十四日生まれ。兵庫県西脇市出身。一九九三年十月、五街道雲助に入門。一九九七年九月、二ツ目昇進。二〇〇七年三月、真打昇進。

寒空はだか《さむぞら》（P175）

一九六四年十二月十九日生まれ。埼玉県草加市出身。漫談家。楽器を使わず歌を交えて軽妙なトークを繰り広げる。CDアルバム「東京モンド」を発売中。

遠峰あこ《とおみね》（P180）

神奈川県横浜市出身。現代風にアレンジした民謡を作曲し、アコーディオンで弾き語る。大道芸、落語会の色物、居酒屋流しなど、さまざまな場所でライブを開催。

柳家さん喬《きょう》（P181）

一九四八年八月四日生まれ。東京都墨田区出身。一九六七年三月、柳家小さんに入門。一九七二年十一月、二ツ目昇進。一九八一年三月、真打昇進。

Special Thanks

（順不同）

一般社団法人落語協会
公益社団法人落語芸術協会
上野鈴本演芸場
新宿末廣亭
浅草演芸ホール
池袋演芸場
横浜にぎわい座
国立演芸場
株式会社オフィス532
株式会社シノフィス
オフィスフラジール
有限会社ティルト
オフィスぷくぷく
立川談笑事務所
だんしろう商店
株式会社オフィスビーワン
株式会社柳亭市馬事務所オフィスエムズ
株式会社オフィス・トゥー・ワン

株式会社ダニーローズ
株式会社米朝事務所
株式会社まさし
株式会社デンナーシステムズ
らくごカフェ
北沢タウンホール
成城ホール
清瀬けやきホール
有限会社ユーロスペース
三鷹市芸術文化センター
東京かわら版

株式会社夢空間
ショーキャンプ有限会社
渦産業・木村万里
有限会社アスターミュージック
株式会社いがぐみ
株式会社影向舎
紀伊國屋ホール
株式会社ナショナル・フォート
お囃子　稲葉千秋
制作　難波有希
消しゴムはんこ　マシーミ

主な演芸スポット

兵庫

神戸アートビレッジセンター
神戸市兵庫区新開地5-3-14
☎078-512-5500

神戸文化ホール
神戸市中央区楠町4-2-2
☎078-351-3535(代表)

兵庫県立芸術文化センター
西宮市高松町2-22
☎0798-68-0223(代表)

風月堂ホール
神戸市中央区元町通3-3-10 元町本店B1
☎078-321-2391

福岡

イムズホール
福岡市中央区天神1-7-11 イムズ9F
☎092-733-2002

北九州芸術劇場
北九州市小倉北区室町1-1-1-11　リバーウォーク北九州6F
☎093-562-2655

太融寺本坊
大阪市北区太融寺町3-7
☎06-6311-5480

帝塚山・無学
大阪市住吉区帝塚山西4-12-31

天満天神繁昌亭
大阪市北区天神橋2-1-34
☎06-6352-4874

道頓堀角座
大阪市中央区道頓堀1-4-20
☎06-7898-9011

道頓堀ZAZA
大阪市中央区道頓堀1-7-21　中座くいだおれビルB1
☎06-6212-3005

動楽亭
大阪市西成区山王1-17-6

TORII HALL
大阪市中央区千日前1-7-11　上方ビル4F
☎06-6211-2506

なんばグランド花月
大阪市中央区難波千日前11-6
☎06-6641-0888

八聖亭
大阪市福島区鷺洲2-9-15 エイトワンビル
☎06-6451-5500

愛知

大須演芸場
名古屋市中区大須2-19-39
☎052-222-0428

京都

京都府立文化芸術会館
京都市上京区河原町通広小路下ル
☎075-222-1046

京都芸術センター
京都市中京区室町通蛸薬師下る山伏山町546-2
☎075-213-1000

大阪

近鉄アート館・SPACE9
大阪市阿倍野区阿倍野筋1-1-43　あべのハルカス近鉄本店ウイング館9F
☎06-6622-8802

国立文楽劇場
大阪市中央区日本橋1-12-10
☎06-6212-2531(代表)

サンケイホールブリーゼ
大阪市北区梅田2-4-9 ブリーゼタワー7F
☎06-6341-8888

雀のおやど
大阪市天王寺区舟橋町19-19
☎06-6764-7372

東京

浅草演芸ホール
台東区浅草1-43-12
☎03-3841-6545

池袋演芸場
豊島区西池袋1-23-1
☎03-3971-4545

北沢タウンホール
世田谷区北沢2-8-18
☎03-5478-8006(事務室)

国立演芸場
千代田区隼町4-1
☎03-3265-7411(代表)

新宿末広亭
新宿区新宿3-6-12
☎03-3351-2974

鈴本演芸場
台東区上野2-7-12
☎03-3834-5906

成城ホール
世田谷区成城6-2-1
☎03-3482-1313

らくごカフェ
千代田区神田神保町2-3 神田古書センター5F
☎03-6268-9818

神奈川

横浜にぎわい座芸能ホール
横浜市中区野毛町3-110-1 3・4F
☎045-231-2525

定番演芸イベント

『博多・天神落語まつり』
会場：福岡市内
毎年10月～11月頃開催（予定）

『彦八まつり』
会場：生國魂神社（大阪市天王寺区）
毎年9月頃開催（予定）

『渋谷に福来たるSPECIAL ～落語フェスティバル的な』
会場：渋谷区文化総合センター大和田 さくらホール(東京都渋谷区) 毎年3月頃開催(予定)

『大名古屋らくご祭!!』
会場：名古屋市内
毎年12月頃開催（予定）

『芸協らくごまつり』
会場：芸能花伝舎（東京都新宿区）
毎年9月～10月頃開催（予定）

『いけだ春団治まつり』
会場：池田市民文化会館ほか
毎年4月頃開催（予定）

『プチ銀座落語祭』
会場：銀座山野楽器（東京都中央区）
毎年7月頃開催（予定）

『大須大道町人まつり』
会場：名古屋市大須商店街一帯
毎年10月頃開催（予定）

『神楽坂落語まつり』
会場：東京都新宿区内
毎年6月～7月頃開催（予定）

十人のキーパーソンに訊く演芸最前線

らくごころ～落語心～

2016年1月29日 初版第1版発行
発行・発売／ぴあ株式会社　関西支社
〒530-0004
大阪市北区堂島浜1-4-4 アクア堂島東館2F
☎06-6345-8900（代表）　☎06-6345-9055（編集）　☎06-6345-9088（関西販売）

ぴあ株式会社　本社
〒150-0011
東京都渋谷区東1-2-20 渋谷ファーストタワー
☎03-5774-5200（大代表）

www.pia,co.jp

発行人／薮内知利
編集人／清水智宏
企画／ぴあ　橘蓮二
編集／石原卓・三木匡・髙橋諒（クエストルーム）　岩本和子（ぴあ）
取材・執筆／入江弘子　阿久根佐和子　松尾美矢子　佐々木克雄
写真／橘蓮二
撮影／山下ヒデヨ（P96、99）
消しゴムはんこ／マシーミ
装丁・デザイン／株式会社cursor（岡田ゆうや・みやあきみさ・髙見美早・穴山菜那子・吉岡奈津美）

印刷・製本／凸版印刷株式会社